소그룹 성경 공부 1

함께 지어져 가느니라

함께

소그룹 성경 공부 1

지어져 가느니라

김형일 지음

동연

120년 전
이 어두운 동토(凍土)에
이역만리(異域萬里) 외지에서 온 언더우드 선교사님을 보내시어
예수 그리스도의 피 값으로 산
시흥교회를 세워주신 하나님께 감사를 드립니다.

그리고 이 책은
수많은 역사의 풍파 앞에서도
120년 동안 시흥교회를 든든히 지켜주신 우리 성도님들께
감사의 마음을 담아 헌정하는 책입니다.

이 책을 묵상하는 어느 곳에서든
이 책을 함께 나누는 어떤 소그룹에서든
주님과 함께함이 있고
성령의 충만함이 있고
은혜의 감격이 있기를
기도합니다.

SOLI DEO GLORIA!!

아름다운 이야기를 들려주는 시흥교회

김형일 목사 올림

| 차 례 |

Part 2 | 엘리야

— 엘리야를 통해 배우는 기도 응답의 비결

Part 3 | 요한복음 21장

: 예수님과 베드로의 사랑 고백 그리고 두 번째 기회

Part 4 | 지렁이 같은 너 야곱아
: 축복의 사람이 되기 위한 놀라운 변화의 과정

Part 5 | 제자도
— 당신은 예수 그리스도의 제자가 맞습니까?

Part 6 | 절기
: 부활절, 감사절, 성탄절

/

Part 1

성령의 아홉 가지 열매

: 사랑, 희락, 화평, 오래 참음,
자비, 양선, 충성, 온유, 절제

1 과
사랑은 그리스도인의 가장 큰 능력
요한일서 4장 7-8절

켄 가이어(Ken Gire)의 『묵상하는 삶』이란 책에 보면 이런 이야기가 나옵니다.

'한 랍비'가 서재에 앉아 있는데, 누군가 "똑똑"하며 방문을 두드립니다. 이 사람은 '랍비의 제자 중 한 사람'이었습니다.

방문을 열고 들어온 '그 제자'가 이런 말을 합니다.

"선생님, 제가 선생님을 얼마나 사랑하는지, 그 말씀을 꼭 드리고 싶었습니다."

그러자 랍비는 읽던 책을 내려놓고, 안경 너머로 그를 쳐다보았습니다.

그리고 이렇게 묻습니다. "나를 아프게 하는 것이 무엇인가?"

갑작스러운 선생님의 질문에 제자는 어리둥절하여 랍비를 바라보며 되묻습니다. "네?"

그 랍비는 또다시 '같은 질문'을 합니다. "나를 아프게 하는 것이 무엇이냐고?"

그러자 제자는 할 말을 찾지 못하고 서 있다가, 어깨를 으쓱하며 대답했습니다. "모르겠습니다."

그러자 랍비가 이렇게 대답합니다.

"나를 아프게 하는 것이 무엇인지도 모르면서, 어떻게 나를 사랑할 수 있다는 거지?"

성도님들, 이것이 '차이'이지요.

우리가 '잘~하는 사랑'은 대부분 '우리에게 좋은 것'이 '그 대상'입니다. 내가 보기에 좋은 것, 내가 가지고 싶은 것 등등, 전부 그 '기준'이 '나에게 좋은 것'입니다.

하지만 '하나님의 사랑'은 '그 기준'이 '내가 아닌 너'입니다. '상대'이지요. 그러므로 '하나님의 사랑'은 "나에게 좋아서"가 아니라 "너에게 좋아서"인 것입니다.

그래서 '아흔아홉 마리의 양'을 버려두고선 "길을 잃은 한 마리의 양을 찾아 나서는 것"이 바로 '하나님의 사랑'이지요.

"나의 유익을 위해서"가 아니라 "너의 유익을 위해서"였기 때문에 하나님께서는 '자신의 독생자, 예수 그리스도'를 '십자가'에 희생시킬 수 있었고, 그래서 우리는 그런 하나님의 사랑으로 구원을 받을 수 있게 된 것입니다.

1. 그러므로 우리가 그리스도인으로 맺어야 할 '가장 첫 번째 열매'가 무엇입니까?

바로 '사랑'이라는 것입니다. 그것도 ① 희생적인 사랑, ② 조건을 뛰어넘는 사랑, ③ 나의 유익을 위함이 아니라 철저하게 상대의 유익을 구하는 사랑. 바로 이런 '아가페의 열매'를 맺어야 하는 것입니다.

2. 그렇다면 우리가 어떻게 이런 '사랑의 열매'를 맺을 수 있을까요?

이 '사랑'에 있어서 '가장 중요한 것'은 다름 아닌 바로 '하나님'이십니다.

오늘 본문 7절 말씀을 보십시오. 사랑이 누구에게 속해 있다고 합니까?

"사랑은 하나님께 속한 것"이라고 합니다.

즉 사랑의 본질이 '하나님'이신 만큼, 사랑의 뿌리도 '하나님'이시며, 사랑의 출발점도 '하나님'이시라는 것입니다.

그래서인지 '8절 말씀'에서는 너무나 확실하고도, 무시무시한 말씀을 하십니다.

"사랑하지 아니하는 자는 하나님을 알지 못하나니 이는 하나님은 사랑이심이라."

이 말씀에서는 확실하게 "사랑하지 않는 자는 하나님을 알지 못한다"라고 합니다. 그러므로 '사랑'은 '우리 신앙의 기준점'인 것입니다. 즉, 우리가 하나님을 진짜로 믿고 있는지, 가짜로 믿고 있는지를 결정 짓는 가장 중요한 기준이 바로 "사랑하냐?"라는 것입니다.

그러므로 '사랑'은 할 수 있으면 하고, 힘들면 말고 또는 사랑할 만한 대상에게는 하고, 그렇지 않은 대상에게는 안 하고, 이렇게 마음 대로 해도 되는 것이 아닙니다!!

3. 원래 '우리'는 '어떤 존재'였습니까?

원래 우리는 죄인이었고, 사탄 마귀의 종이었고, 죄와 사망의 굴레를 뒤집어쓰고 있던 존재였습니다. 그렇다면 원래 우리가, 그러니까 구원받기 전의 우리가 하나님과 어떤 관계였습니까? 하나님과 원수 지간이었지요. 그런데 하나님께서는 이런 원수 같은 나를 위해서도 자신의 아들을 희생하는 그런 사랑을 보여주신 것입니다. 그러므로 우리가 마땅히 닮아가야 할 '하나님의 사랑'은 바로 '원수를 사랑하는 것'입니다.

하나님께서는 자신의 자녀인 그리스도인들에게 친한 사람들끼리 인사할 때 "사랑합니다"라고 하는 그 정도의 사랑을 원하시는 것이 아닙니다. 하나님께서 우리에게 원하시는 사랑은 원수까지도 사랑하는 것입니다. 왜냐하면 이것이 하나님께서 우리에게 직접 보여주신 사랑의 기준이기 때문입니다.

1) 나의 사랑의 범위는 어디까지인가요?

2) 원수도 사랑하시는 하나님의 사랑을 경험하신 적이 있나요?

3) 그렇다면 원수 같은 사람에게도 하나님의 사랑을 베푸신 적은 있나요? 어렵다면 왜 이렇게 어려울까요?

4. 갈라디아서 5장 22-23절에 나온 9가지의 열매, 이것들이 다 누구의 열매라고 합니까? 내 열매입니까? 아닙니다! 바로 '성령의 열매'입니다.

그런데 우리는 지금까지 "사랑하라"라는 이 말씀을 마치 율법처럼 생각해 왔습니다. 그러다 보니 내 힘으로 지켜야 할 것이라고 생각한 것입니다. 마치 무슨 군대에서 명령 수행하듯이 사랑을 하려고 했습니다. "용서해야 해!", "사랑해야 해!" 이렇게 혼자 끙끙거리고 있으니 안 되지요. 우리가 예수님을 제대로 믿으면, 우리 안에 성령님께서 오셔서 우리로 하여금 사랑하게 만들어 주시는 것입니다. 그러므로 우리가 하나님을 온전히 믿는다면, 진짜 하나님을 제대로 믿는다면, '사랑'은 자연스레 그냥 되는 것입니다.

왜냐? '사랑'은 온전히 하나님만이 주실 수 있는 것이니까요. 그래서 '사랑'을 '성령의 열매'라고도 하고, '선물'이란 뜻을 가진 '은사'라고도 하는 것입니다. 그러므로 성도님들 "사랑해야 한다"가 아니라 "사랑하게 된다"가 맞는 말입니다. 그리고 이 사랑은 나의 사랑이 아닌 하나님의 사랑으로 가능케 되는 것입니다. 사랑은 전적인 성령님의 역사이기 때문입니다. 그러므로 이제 내가 할 것은 성령님께서 내 안에서 마음껏 역사하시도록 나를 내어드리는 것만 잘하면 되는 것입니다.

　어느 날, 바다의 대왕이었던 고래가 큰 사고를 당해 피를 많이 흘려 거의 죽게 되었습니다. 이 사실을 안타깝게 여긴 물고기들이 어떻게든 고래를 살려 보려고 앞다투어 헌혈을 하기 시작했습니다. 그런데 평소 고래의 사랑을 듬뿍 받던 붕어는 헌혈을 하지 않고 가만히 있는 것 아니겠습니까? 그러자 다른 물고기들이 그 붕어를 비난하며 "평소에 고래가 너를 얼마나 사랑해 주었는데 대체 너는 왜 헌혈을 하지 않느냐?"고 물었습니다. 그러자 붕어가 그동안 숨겨왔던 비밀을 고백합니다. "사실 난 '붕어'가 아니라 '붕어빵'이었어."

　성도님들 이 붕어의 말이 작금의 한국교회 성도들 같지 않습니까? 사랑을 한 것이 아니라 사랑을 흉내 낸 것이었습니다. 사랑이 없으니 줄 수가 없는 것입니다. 그러니 그동안 숨겨왔던 이기적인 마음만 그대로 표출되는 것입니다. 줄 피가 없는 붕어처럼 줄 사랑이 없는 교인인 것이지요. 그러니까 가짜였다는 것입니다. 진짜 하나님의 사랑으로 인해 구원을 받은 우리라면, 그 사랑을 받은 우리는 누군가에게 나누어 줄 사랑의 열매가 분명히, 반드시 있어야 합니다. 그게 진짜 구원을 받은 징표니까요.

2 과
상황을 초월하는 성령의 열매, 희락
빌립보서 4장 4절

우리나라 국민 중 20세부터 50세까지, 남녀 500명을 대상으로 웃음에 관한 라이프 스타일을 조사한 적이 있습니다. 그 조사 결과에 따르면 우리나라 사람들은 하루에 평균 열 번을 웃고, 한 번 웃을 때에 평균 8.6초를 웃는다고 합니다. 그러니까 계산해 보면 하루 평균 90초밖에 웃지 않는다는 것이지요. 사람의 일생을 80년으로 가정해 보면 평생을 다해도 30일 그러니까 한 달 정도밖에 웃지 않는다는 것입니다. 왜 이렇게 되었는지 참 씁쓸하지요.

그런데 이 조사에서 우리를 더욱 씁쓸하게 만드는 것이 있습니다. 웃음에 반해 우리나라 사람들이 걱정하고 근심하는 시간을 조사해 보았더니 하루 평균 3시간 6분이라고 합니다. 하루에 웃는 시간은 고작 90초인데, 걱정하고 근심하는 시간은 3시간 6분이나 되더라는 것입니다. 이것 또한 일생을 80년으로 가정해 보면 일생 중 10여 년 동안은, 그러니까 1/8을 근심과 걱정만 하며 살아간다는 것입니다. 어쩌다가 이렇게 살게 되었을까요? 참 안타깝습니다.

1. 빌립보교회와 빌립보서의 이야기

사도 바울이 제2차 전도 여행 중이던 어느 날 밤, 환상 중에 한 마게도냐 사람이 "마게도냐로 건너와서 우리를 도우라"라고 호소하는 것을 보고 전도 여행의 행선지를 소아시아에서 유럽으로 바꾸게 됩니다. 그리고 처음으로 도착한 곳이 바로 빌립보였는데요. 여기서 바울은 점을 치는, 귀신 들린 아이 하나를 고쳐 주었다가 큰 곤욕을 치르게 됩니다. 이 일로 호되게 매를 맞고, 감옥에 갇힌 바울은 감옥 안에서도 기도하고, 찬송하는 중에 옥문이 열리게 되고, 이 일로 간수장이 회개하고, 그의 온 가족이 예수를 믿게 되는 사건이 일어나지요.

이렇게 세워진 교회가 바로 빌립보교회입니다. 즉, 복음을 전하다가 호되게 매를 맞고 감옥에까지 갇히게 되었는데, 그때 억울하다고 하소연하거나 불평하고 원망한 것이 아니라, 기뻐하며 찬송하다가 세워진 교회가 바로 빌립보교회인 것입니다. 그래서인지 빌립보교회에 보내는 편지인 빌립보서는 그 중심에 흐르는 주제가 "어떤 상황 가운데서도 기뻐하라"입니다. 그래서인지 빌립보서에는 ① 항상, ② 모든, ③ 무엇에든지, ④ 언제나라는 단어가 여러 번 등장합니다.

오늘 본문 말씀에서도 '항상'이라는 단어가 등장하지요. "주 안에서 항상 기뻐하라 내가 다시 말하노니 기뻐하라."

2. 성령의 9가지 열매 가운데 복음과 가장 밀접한 관계를 가진 열매가 무엇인지 아십니까?

바로 희락입니다. 십자가 위에서 그렇게 힘든 고통을 당하셨지만, 그 마음속에서는 우리를 구원하실 수 있다는 기쁨이 넘치셨던 것입니다. 이것이 바로 우리 주 예수 그리스도 안에 있는 희락입니다. 실제로 신약성경에 쓰여 있는 복음이라는 단어가 헬라어로 '유앙겔리온'인데요. 이 단어에는 '즐겁다', '기쁘다'라는 뜻이 담겨 있기 때문입니다. 그러므로 복음 자체가 기쁨을 전제로 한다는 것입니다.

복음으로 말미암아 구원받고, 새 생명을 얻은 그리스도인들에게는 우리의 구원과 생명이 영원하듯 ① 항상, ② 모든, ③ 무엇에든지, ④ 언제나 기뻐하는 것이 가능한 것입니다. 그러므로 예수님을 믿고, 환경이 변화되는 것은 정확한 복음이 아닙니다. 물론 환경이 바뀔 수도 있지요. 환경은 그대로일지라도 내가 달라지는 것, 내 영혼과 내 마음과 내 생각과 내 성품이 달라지는 것이 진짜 복음인 것입니다. 그래서 바울은 ① 상황에 관계없이, ② 상황을 초월하고, 기뻐해야 한다고 합니다. "주안에서 항상 기뻐하라 내가 다시 말하노니 기뻐하라." 즉, ① 항상 기뻐하라고, ② 어떤 상황 속에서도 기뻐하라고, ③ 그리고 또다시 기뻐하라고 권면하는 것입니다.

그러므로 그리스도인들은 항상의 존재입니다. 상황에 따라, 환경에 따라, 주어진 소유에 따라 좌지우지되는 존재가 아니라, 복음 때문에, 복음으로만 항상 기뻐할 수 있는 사람들이기 때문입니다.

월요일은 원래 행복한 날

화요일은 화가 나도 기쁜 날

수요일은 수도 없이 웃는 날

목요일은 목청 높여 노래하고

금요일은 금세 좋고 또 좋은 날

토요일은 기쁨이 톡톡 튀는 날

주일은 주님과 함께 즐기는 날

매일 웃으며 이렇게 기쁘게 살 수 있을까요? 그러면 참 좋을 것 같은데요? 과연 어떻게 하면 가능할까요?

3. 진정한 행복이란?

우울증이라는 마음의 질병이 있지요. 온갖 슬픔과 불행을 느끼게 만든다는 우울증. 이 마음의 병을 치료하기 위해 엘리 릴리 사에서 만든 프로작이라는 약이 있습니다. 학술적으로는 인간의 정서를 관장하는 신경전달물질인 세로토닌을 억제하고 조절한다고 하는데요. 간단하게 말씀드리면 우리 몸에서 슬픔과 불행을 느끼는 요소들을 완화하면 행복해질 거라고 생각해서 만든 약인 것입니다. 그래서 이 약의 별명이 뭐냐? 해피 메이커입니다. 우리말로 하면 행복 제조기 정도 될까요?

요즘 시대에 얼마나 우울증을 앓고 있는 분들이 많은지, 이 약이 처음 시판된 1998년, 한 해에만 27억 달러에 달하는 경이적인 매출을 기록했고, 지금까지 약 3,000만 명 이상이 이 약을 복용했다고 합니다. 그런데 요즘 들어 보고되는 것이 해피 메이커라는 약이 효험에 비해 부작용이 너무 크다고 합니다. 외국에서 총기사고를 저지르거나 사회적 물의를 일으킨 사람 중의 상당수가 이 약을 장기 복용하던 사람들이라고 하더라고요.

그런데도 왜 이 약을 복용한다고요? 행복해지고 싶어서요. 그런데 성도님들, 우리가 보는 개역개정성경을 보면 행복이라는 단어가 딱 한 번 나옵니다. 바로 신명기 33장 29절 말씀입니다. "이스라엘이여 너는 행복한 사람이로다. 여호와의 구원을 너 같이 얻은 백성이 누구냐 그는 너를 돕는 방패시요 네 영광의 칼이시로다. 네 대적이 네게 복종하리니 네가 그들의 높은 곳을 밟으리로다." 그러므로 우리는 이미 행복한 사람입니다. ① 우리는 하나님 한 분만으로도 충분히 행복해질 수 있기 때문입니다. ② 우리가 하나님의 큰 사랑을 받고 있다는 이것만으로도 충분히 행복해질 수 있기 때문입니다.

　　C. S. 루이스가 쓴 『천국과 지옥의 이혼』이라는 책에 보면 천국 문에 서 있는 수위에 대한 소개가 나옵니다. 이 수위는 천국 문 앞에서 서서 천국에 오는 사람들에게 딱 한 가지 질문만 한답니다. "당신은 예수를 알게 됨으로써 참을 수 없는 기쁨을 가지고 있습니까?" 그러므로 성도님들, 우리 기쁨의 이유는 주님 한 분만으로도 충분합니다. 그래서 오늘 본문에서도 우리가 기뻐할 수 있는 조건을 너무나도 간단하게 설명합니다. "주 안에서 기뻐하라." 사랑하는 성도님들, 우리가 하나님의 자녀가 된 이상 주님께서 우리에게 주시는 기쁨은 절대로 빼앗길 수 없는 기쁨입니다. 조금의 손해도 없고, 조금의 상실도 없는 완전한 기쁨인 것입니다.

3 과
피스 메이커(peace maker)
마태복음 5장 9절

1. 세상이 말하는 평화

"어떻게 하면 이 지구상에서 전쟁을 소멸시킬 수 있을까?"라는 주제에 자신의 일생을 바친 시카고 대학의 퀸시 라이트라는 교수님이 계십니다. 이 분이 쓴 『전쟁 연구』라는 책에 보면 1480년부터 1941년 까지, 461년 동안 인류는 약 400회에 걸친 전쟁을 치렀다고 합니다. 이것도 서양 중심의 기록이어서 동양의 전쟁이나 중동의 전쟁사는 큰 전쟁밖에 세지 않았음에도 불구하고 460년 동안 400회의 전쟁이 라니 너무나도 많지요. 그래서 흔히들 인류의 역사에서 전쟁이 없었던 시간은 단 하루도 없었다고 합니다.

그런데 참 신기한 것이 있습니다. 전쟁의 당사자들에게 왜 전쟁을 하는지에 대해 물어보니, 한결같은 그들의 대답이 "평화를 위해서"라 는 겁니다. 너무나도 모순되지요? 평화를 위해 전쟁을 하다니요. 실제 로 인류 역사상 평화를 가장 강조한 나라가 어디인지 아십니까? 바로 로마였습니다. 팍스 로마나(Pax Romana)라고 들어 보셨지요? 라틴어로 팍스는 영어로 피스입니다. 그러므로 팍스 로마나를 우리말로 번역하면 '로마의 평화', '로마식 평화' 대략 이런 뜻입니다.

그렇다면 팍스 로마나는 어떤 평화입니까?

힘으로 눌러서 얻는 평화입니다. 군대를 동원해서 그들을 반대하는 세력들을 죽이고 억압해서 얻는 평화입니다. 과연 이런 것을 진정한 평화라고 말할 수 있을까요?

2. 성경이 말하는 평화

이에 반해 수많은 외세의 침략을 당하고, 결국 망한 후 뿔뿔이 흩어져서 가는 곳마다 쫓겨나고 핍박을 받았던 유대인들은 이것과는 조금 다른 평화를 이야기합니다. 바로 샬롬입니다. 그들이 꿈꾸는 샬롬은 이사야 11장에 등장하는 ① 이리와 표범이 어린 양이나 어린 염소와 함께 살고, ② 송아지와 어린 사자가 함께 있으며, ③ 젖 뗀 아이가 독사의 굴에 손을 넣어도 아무 일도 일어나지 않는 그런 평화의 나라였습니다.

그래서 그들은 이런 나라가 반드시 이루어질 것이라 기대를 하며 이런 평화를 이루어 줄 누군가를 기다렸습니다. 바로 메시야였습니다. 그래서 그들이 기대하던 메시야의 모습은 바로 평강의 왕이었습니다(사 9:6). 무슨 말이냐? 이러한 완전한 평화를 이루어 줄 수 있는 분은 오직 주님밖에는 없다는 것입니다.

3. 그렇다면 주님께서 주시는 평화는 어떤 평화인가요? 또 그 평화는 어떻게 얻을 수 있나요?

히브리어 '샬롬'과 일치하는 신약성경의 헬라어 단어는 '에이레네'입니다. 그런데 이 단어에는 ① 함께하다, ② 연관되다와 같은 관계 지향적인 뜻이 내포되어 있습니다. 즉, ① 주님과의 관계가 회복된 이들, ② 주님과의 관계가 아름답게 이루어지는 이들에게 바로 이러한 평화, 화평, 평안이 주어진다는 것입니다.

실제로 예수님께서 이 땅에 계실 때, 우리 주님과의 관계가 제대로 이루어지는 사람들마다 이러한 놀라운 평안을 경험했습니다. ① 예수님께 찾아와 값비싼 향유를 부으며, 한평생을 어쩔 수 없이 험한 세월을 살아 온 아픔에 눈물로 그 발을 적시고, 그 발에 입 맞추었던 여인에게도(눅 7:50), ② 열두 해 동안 혈루병을 앓았음에도 백약이 무효했고, 아무에게도 고침을 받지 못했으며, 그 덕에 가진 재산도 다 탕진했을 뿐더러 이제는 사람들 앞에 나설 자신조차 없어 그저 예수님의 옷자락만이라도 만지려 손을 뻗은 여인에게도(눅 8:48) 예수님께서는 동일하게 "네 믿음이 너를 구원하였으니 평안히 가라"고 말씀해 주셨습니다.

즉, 예수님께서는 ① 자신과 관계를 회복하는 사람에게 세상이 줄 수 없었던 평화를 선물로 주셨고, ② 주님과 올바른 관계를 맺은 모든 사람의 인생에 새로운 평화의 장을 열어 주셨다는 것입니다. 그러므로 우리 주님과의 관계 회복이 나에게 그리고 이 땅에 이루어지는 모든 평화의 기초인 것입니다.

나눔

1) 내가 생각한 화평과 주님이 말씀하신 화평에 차이가 있나요?

2) 혹시 주님이 주신 평화를 누리신 적이 있나요? 특별히 주님과의 관계가 회복되면서 누리신 평화가 있다면 나누어 봅시다.

4. 화평하게 만드는 자(peace maker)의 적극성

어느 목사님의 글에서 읽은 내용인데요. 어느 날 회의 시간에 교인들이 막 싸우자, 목사님께서 그 교인들에게 "대체 왜 싸우냐"라고 물어보셨답니다. 그러자 한 장로님이 "다 잘해보자는 것 아니겠습니까?"라고 하더랍니다. 그러자 목사님이 그다음 주 설교 제목을 뭐라고 하신지 아십니까? "우리 잘하지 마십시다!"였습니다. 그때 하신 설교 본문이 히브리서 12장 14절, "모든 사람과 더불어 화평함과 거룩함을 따르라 이것이 없이는 아무도 주를 보지 못 하리라"였는데요. 네 편, 내 편 나누어서 싸우다가는 결국 아무도 하나님을 보지 못하게 될 것이라는 말씀이었습니다.

그러면서 설교 중에 이런 말씀을 하셨답니다. "성도님들, 의사가 암 환자를 왜 수술합니까? 살리기 위해서이지요. 그래서 암 수술을 할 때, 반드시 환자의 생명을 지켜 가며 수술을 합니다. 그런데 암 덩어리는 제거했지만 환자가 덜컥 죽어 버렸다면 수술을 잘한 것입니까? 못한 것입니까? 아무런 의미 없는 수술을 한 것입니다. 그러므로 살리는 것이 우선입니다."

마태복음 5장 9절에 나오는 '화평하게 하는 자'라는 것은 단순히 평안을 음미하며 즐기는 사람 혹은 평화를 사랑하는 평화 예찬론자 정도의 소극적인 뜻이 아닙니다. 이것은 평화를 이루기 위해 능동적으로 행동하는 사람, 화해를 창조하는 사람이라는 의미를 가진 적극적인 뜻인 것입니다.

그러므로 주님과 화평을 이룬 성도는 반드시 ① 내 삶 속에서 주님께서 주신 평화를 실천하고, ② 주변 이웃들과의 화평을 이루기 위해 몸부림치고 애를 써야 하는 것입니다.

5. 피스 메이커에게 주시는 하나님의 특별한 축복

화평하게 하는 자, 즉 피스 메이커에게 하나님께서 주시는 특별한 축복이 있습니다. "화평하게 하는 자는 복이 있나니 그들이 하나님의 아들이라 일컬음을 받을 것임이요"(마 5:9). 피스 메이커가 되면 하나님께서 우리를 향하여 "너는 참으로 내 아들이구나" 하고 인정하시며, 칭찬하신다는 것입니다. 이것이 얼마나 영광스러운 일인지 아십니까?

예수님께서 세례를 받으실 때 하늘에서 소리가 들리기를 "이는 내 사랑하는 아들이요 내 기뻐하는 자라"(마 3:17)라고 하셨습니다. 그러므로 성도님들 우리가 이 땅에서 화평을 이루며 살아가면, 하나님께서도 우리를 이렇게 인정해 주시는 것입니다.

"너는 과연 내 아들이로구나. 내가 사랑하는 아들이요, 내가 기뻐하는 자로다."

　어릴 때 동네 친구들과 놀다 보면 종종 싸움이 일어나기도 하지요. 그런데 싸움을 하는 아이들의 주변을 보면 서로 다른 몇 가지 부류의 아이들이 있습니다. ① 먼저는 싸움을 말리려고 어떻게든 애쓰는 아이가 있습니다. ② 그리고 행여 싸움에 말려들어 한 대 얻어맞지나 않을까 싶어서 괜한 곤란함을 피하고자 멀리 가버리는 아이도 있습니다. ③ 그런데 꼭 이런 애들이 있지요. "싸워라, 싸워라" 하면서 싸움을 붙이고, 부채질하는 아이가 있습니다. 싸움을 말리는 사람을 피스 메이커라고 한다면, 싸움을 붙이는 사람을 트러블 메이커라고 합니다. 그렇다면 우리가 화평하게 하는 자, 즉 피스 메이커가 되어야지, 적어도 트러블 메이커는 되지 말아야 하지 않겠습니까?

4 과

오래 참음

히브리서 10장 36절

우리나라 건국 설화에 보면 호랑이와 곰이 동굴에 들어가 사람이 되기 위해 쑥과 마늘을 먹는 이야기가 있지요. 잘 아시다시피 호랑이는 못 견디고 뛰쳐나오지만, 곰은 참고 기다려서 결국 웅녀가 되었다고 합니다. 그래서 원래 우리 민족의 정신을 은근과 끈기라고 하는데요. 그래서인지 구한말, 처음으로 한국 땅을 밟은 외국인 선교사들의 눈에 비친 한국인들의 특성은 끈기가 있다는 것이었다고 합니다.

그런데 무슨 일이 있었는지 20세기 말에 이르러 전 세계에서 대한민국을 대표하는 키워드는 '빨리 빨리'가 되었습니다. 얼마나 성격이 급한지 자판기에서 커피를 뽑을 때, 커피가 다 나오기도 전에 자판기 안에 손을 넣어서 화상을 입은 경우도 다반사고요. 택시 탈 때 보면 아직 멈추지도 않은 택시의 문고리를 잡고서는 문도 안 열고 "아저씨, 시흥 사거리요"라고 행선지부터 외치지요.

이러한 '빨리 빨리' 문화는 한국교회 성도님들의 신앙생활에도 고스란히 반영되어 있습니다. 예로부터 "설교는 짧을수록 좋다"는 농담이 있는데, 그 말 역시 긴 설교를 가만히 앉아서 듣지 못하는 우리 민족의 급한 성향을 잘 보여 줍니다.

기도 역시 마찬가지입니다. 우리는 기도하면서 하나님의 뜻과 응답을 기다리는 것을 굉장히 어려워합니다. 웬만하면 한 번에, 빨리빨리 응답되는 것을 좋아하지요. 또 실제로 그렇게 되면 "기도빨 좋다"라고 자랑스럽게 이야기합니다.

그런데 성도님들 중국 선교의 아버지라고 불리는 허드슨 테일러 선교사님에게 한 선교 지망생이 찾아와 이렇게 물어보았답니다. "당신처럼 위대한 선교사가 되는 비결이 무엇입니까?" 그러자 허드슨 테일러 선교사님이 이렇게 대답했다고 합니다. "첫째도 인내요, 둘째도 인내요, 셋째도 인내지."

사실 오래 참음 혹은 인내라는 것은 좋은 선교사가 되기 위해서만이 아니라 온전한 그리스도인이 되기 위해서 우리 모두가 반드시 소유해야 할 성품이라고 할 수 있습니다.

1. 하나님께 응답을 받는 비결 중 중요한 것 한 가지는?

히브리서 10장 36절에 보면 "너희에게 인내가 필요함은 너희가 하나님의 뜻을 행한 후에 약속하신 것을 받기 위함이라"라는 말씀이 있습니다. 즉, 하나님께서 우리에게 약속하신 것들을 우리가 받으려면 반드시 인내, 즉 오래 참음이 필요하다는 것입니다.

2. 믿음과 기다림의 상관관계

고린도전서 15장 6절 말씀에 보면 부활하신 예수님의 모습을 오백여 명의 성도가 일시에 보았다고 합니다. 그리고 부활하신 예수님께서 이 땅에 계신 40일 동안 계속해서 "성령을 보내 주겠다. 성령을 기다리라"라고 말씀하셨지요(행 1:8). 그리고 모두가 보는 앞에서 하늘로 승천하셨습니다.

그런데 승천하신 지 딱 열흘 후 오순절 날, 성령이 임할 때, 마가의 다락방에 모여 있던 사람은 고작 120명뿐이었습니다(행 1:15).

그러니까 예수님의 확실한 약속이 분명히 있었음에도 단 열흘을 기다리지 못하고 380여 명이 떨어져 나간 것입니다. 왜요? 믿지 못해서죠. 기다리지 못해서인 것입니다. 그러므로 성도님들 하나님의 ① 약속과 ② 이루어짐이라는 이 둘 사이의 간격을 메워가는 과정에서 반드시 필요한 것이 바로 '기다림'이라는 것입니다. 그러므로 사실상 성경에서 말하는 믿음이라는 것은 기다림, 오래 참음, 인내와 같은 뜻이라 볼 수 있는 겁니다.

그래서 성경 주석가인 버튼(E. D. Burton)은 오래 참음을 이렇게 정의합니다.

하나님의 신실하심을 믿고 억울한 상황과 곤경에서도 하나님을 확고히 신뢰하고 기다리는 삶의 태도이다.

그러므로 하나님께서는 반드시 약속을 이루시는 분이심을 확실히 믿는 것, 하나님은 어떤 경우에도 끝까지 신실하신 분이심을 확고히 믿는 것, 이것이 바로 오래 참음인 것입니다.

나눔

1) 오래 참음으로 하나님의 응답을 경험하신 적이 있나요?

2) 혹시 지금도 오래 참음으로 하나님의 응답을 기다리는 기도 제목이 있다면 함께 나누어 봅시다.

3. 누구를 향해 오래 참아야 할까요?

1) 하나님

우리는 가장 먼저 하나님을 향하여 오래 참을 줄 알아야 합니다. 앞서 본 것처럼 하나님께서 하시는 일을 신뢰함으로 참고 기다려야 한다는 말입니다. 하나님께서 정하신 때가 있다는 것을 믿고 참고 기다려야 하는 것이지요.

2) 자기 자신

또한 자기 자신을 향해 오래 참아야 합니다. 한 번의 실패가 영원한 실패인 양 낙심하는 사람들이 있습니다. 한 번의 실수로 모든 것을 잃은 것처럼 절망하는 사람들도 있습니다. 하지만 큰 나무도 처음에는 작은 싹에서 출발하는 법입니다. 그 싹이 자라서, 잎이 피고, 가지가 자라, 결국에는 큰 나무가 되어 많은 열매를 맺듯이, 우리가 자라고 성숙하는 데에도 역시나 오래 참음이 필요한 것입니다.

3) 타인

어느 목사님의 글에서 읽은 내용인데요. 자기 교회의 한 성도님께서 걸핏하면 다른 이를 향해 불평과 원망을 하며 분노를 자주 터뜨리셨다고 합니다. 그래서 목사님께서 그분을 찾아가 "오래 참으십시오.

분노를 터뜨리시면 안 됩니다. 이것은 하나님께서 기뻐하시지 않으시는 것입니다"라고 권면을 했답니다. 그랬더니 이 성도가 "목사님, 저는 화는 잘 내지만 성격이 시원시원해서 뒤끝은 없어요"라고 대답하더랍니다. 그래서 목사님께서 이렇게 말씀하셨다고 해요. "성도님, 총도 그렇습니다. 한 방이면 끝나지요. 오래 안 걸립니다. 그러나 그로 인한 아픔은 오래 갑니다. 쏜 당신은 뒤끝이 없겠지만, 맞은 사람은 오래 갑니다."

5 과
자비를 베풀어야 하는 그리스도인 I
신명기 24장 19-22절

한 백화점에서 특별 판매 전략을 세우고, 막대한 자금을 투자해 광고를 하기 시작했습니다. 그런데 이상하게도 고객들의 반응이 시큰 둥한 겁니다. 그래서 처음에는 광고 시간대가 잘못 편성된 건가 싶어 서 다시 주요 시간대에 광고를 편성했지만, 여전히 매출은 오르지 않았습니다. 그래서 또 광고 모델을 잘못 선택했나 싶어서 광고 모델 도 바꿔 보았습니다. 그래도 고객들의 반응은 달라지지 않았습니다.

그러던 어느 날, 백화점 사장님이 매장을 돌아보다가 그 이유를 알게 되었습니다. 한 고객이 흥분해서 소리를 고래고래 지르고 있었는 데요. 왜 저러나 싶어, 가서 보니 판매 직원의 퉁명스럽고도 불친절한 태도 때문이었다고 합니다. 그때 이 사장님은 어떤 광고나 어떤 홍보 보다 더 소중한 자산은 친절이라는 것을 깨닫게 되셨다고 합니다.

마찬가지로 교회 처음 나오신 분들이 교회에 대한 첫인상을 어디 서 받게 될까요? 목사일 것 같지만 설문조사 결과에 의하면 그렇지 않습니다. 주차를 담당하시는 분들, 예배를 안내하시는 분들, 이런 분들을 통해서입니다. 그러므로 이분들이 교회의 부흥에서 가장 중요한 역할을 하시는 분들이시지요. 그래서 이분들에게 가장 필요한 성품이 바로 친절인 것입니다.

1. 자비라는 단어의 의미가 너무나 넓고 많습니다

성령의 9가지 열매 중 다섯 번째 열매가 자비인데요. 그런데 이 자비라는 단어의 뜻이 참 여러 가지입니다. 먼저 구약성경에서는 자비를 히브리어 '헤세드'라고 하는데요. 이 헤세드는 은혜라고 번역이 되기도 하고, 사랑이라고 번역이 되기도 합니다. 그리고 신약성경에서는 자비를 헬라어 '크레스토테스'라고 하는데요. 이 단어는 고대 헬라어에서는 두 가지 뜻으로 사용되었습니다. ① 어떤 물건과 함께 쓰일 때는 탁월함이란 뜻으로 쓰였구요. ② 사람의 성품을 설명할 때는 선함, 순전함, 친절, 이런 뜻으로 쓰였습니다(70인역에서는 선함으로 번역).

그래서 영어 성경에서도 번역마다 조금씩 차이가 있습니다. ① 킹제임스 성경에서는 'gentleness', 즉 온유함 혹은 관대함이라고 번역을 했고요. ② NIV 성경에서는 'kindness', 친절이라고 번역을 했습니다. 그러니까 자비라는 말에는 ① 사랑, ② 은혜, ③ 용서, ④ 긍휼, ⑤ 온유함, ⑥ 관대함, ⑦ 친절함 등, 이 모든 뜻이 다 포함된 짬뽕 같은 것이라고 생각하시면 될 것 같습니다.

2. 그런데 자비라는 단어에는 놀라운 비밀이 숨겨져 있습니다

자비라는 말은 초대 교회의 역사에서는 참으로 중요한 의미를 가지는 단어였습니다. 자비라는 단어의 헬라어가 크레스토테스라고 했잖아요. 크레스토테스 어딘가 좀 익숙하시지요? 이 단어가 그리스도라고 할 때 쓰는 헬라어 '크리스토스'라는 말과 발음이 비슷합니다. 그래서 초대교회 당시 사람들은 ① 크레스토테스와 ② 크리스토스를 상당히 많이 혼용해서 사용했다고 합니다. 이 단어 때문에 예수님을 믿지 않는 사람들도 예수님에 대해 친절하고 자비로운 이미지를 가지고 있었다고 합니다.

그래서 초대교회의 기록에 보면 예수님을 믿는 그리스도인이면서도 친절하지 않은 사람에게 사람들이 뭐라고 비난을 했느냐? 당신은 "그리스도인인데 왜 친절하지 않습니까?" 이렇게 따져 물었다고 합니다. 이 세상 사람들조차 예수 그리스도를 믿는 사람들이라면 당연히 가지고 있어야 하는 성품으로 친절(자비)을 생각한다는 것입니다.

3. 그렇다면 이 자비를 어떻게 해야 실천할 수 있을까요?

신명기 24장 19-21절 말씀에서는 "이렇게 하는 것이 자비다"라고 하는 자비의 실천 모델을 3가지로 제시합니다. 먼저 대상은 모두 나그네와 고아와 과부입니다. 이 나그네와 고아와 과부를 위해 ① 밭에서 곡식을 벨 때 일정부분을 남겨두라고(19절), ② 또 감람나무를 떤 후에는 떨어지지 않는 것은 그냥 남겨두라고(20절), ③ 그리고 포도를 딴 후에도 남은 것은 그냥 두라고(21절) 합니다. 즉, 집 없는 사람(나그네), 아버지가 없는 자녀(고아), 남편이 없는 여인(과부) 등 이런 사회적 약자들을 위한 특별한 배려가 바로 자비인 것입니다.

나눔

1) 내 삶의 자리에서 실천할 수 있는 자비(사회적 약자를 위한 배려)는 무엇일까요?

2) 내가 교회에서 실천할 수 있는 친절은 어떤 것이 있을까요?

4. 자비의 무서운 중요성

그런데 성도님들, 자비를 우습게 보시면 정말 큰코다치십니다. 왜냐하면 자비는 하나님께서 심판하시는 날, 심판의 기준이고 잣대이기 때문입니다. 마태복음 25장 31절 이하에 보면 예수님께서 심판 주로 오시는 날에 ① 왼편에는 저주받을 자를, ② 오른편에는 영원한 낙원에서 복 받을 자를 따로 구분하실 거라고 합니다. 그때 예수님께서 그들을 좌우로 나누시는 판단의 기준이 무엇인지 아십니까? 바로 자비입니다. 이것 참 놀랍지요? 우리는 지금까지 "예수 그리스도를 믿는 믿음으로 구원을 얻는다"라고 알았는데, 갑자기 심판의 기준이 자비라니요? 이에 대해 예수님께서 직접 하신 말씀이 있습니다.

1) 마지막 날에 주님의 오른편에 두어 하나님의 나라의 영원한 복을 받게 되는 사람들이 어떤 사람들이냐?(마 25:34-36)

내가 주릴 때 먹을 것을 주고, 목마를 때 마시게 하고, 나그네 되었을 때 영접하고, 헐벗었을 때 옷을 입히고, 병들었을 때 돌아보고, 옥에 갇혔을 때 와서 돌아본 사람들, 즉 자비를 베푼 사람들이라고 합니다.

2) 그러면 반대로 마지막 날에 저주를 받아 마귀와 함께 영원한 불
에 들어가는 사람들은 어떤 사람들이냐?(마 25:41-43)

앞서 본 것과 반대지요. 내가 주릴 때, 목마를 때, 나그네가 되었을
때, 헐벗었을 때, 병들었을 때, 옥에 갇혔을 때, 자비를 베풀지 않은
사람들인 것입니다.

　　그러자 이 사람들이 예수님께 이렇게 따집니다(마 25:44). "아니, 예수님, 우리가 언제 예수님을 한 번 만나기라도 했습니까? 예수님께서 한 번이라도 우리 앞에 나타나신 적이 있어야 우리가 섬기든 말든 할 거 아닙니까?" 그때 예수님께서 이렇게 말씀하시지요(마 25:45). "지극히 작은 자 하나에게 한 것이 곧 내게 한 것이니라." 사실 예수님께서 자기 눈앞에서 배고파 쓰러져 계신데, 대접하지 않을 사람이 누가 있겠습니까? 예수님께서 헐벗고 계신데, 자기 옷이라도 벗어서 입혀 드리지 않을 사람이 누가 있겠습니까? 예수님께서 심한 병에 걸려 계시다면, 병원으로 모시고 가지 않을 그리스도인이 누가 있겠습니까? 그러나 작은 자, 가난한 자, 병들고 소외된 자가 우리 눈앞에 있는 작은 예수라는 사실을 이들은 몰랐던 것이지요.

6 과
자비를 베풀어야 하는 그리스도인 II
신명기 24장 19-22절

마지막 날 우리의 심판의 잣대가 자비라면 "예수를 믿지는 않지만 성품이 자비로운 사람들, 그러면 이 사람들은 구원받는 것인가?"라는 생각이 드실 겁니다. 하지만 아닙니다. 그럴 수가 없습니다. 왜냐하면 자비는 하나님의 성품이기에, 이미 구원을 받은 자가 가지게 되는 성령의 열매이기 때문입니다.

1. 다윗 – 하나님의 은총으로 자비를 베풀다

다윗은 기름 부음을 받은 후 사울에게 모진 핍박을 당해야 했습니다. 쫓겨 다닌 것은 물론이요, 죽을 고비도 여러 번 있었습니다. 하지만 7년 후 사울은 죽고 드디어 다윗이 왕으로 등극합니다. 그렇다면 개인적인 복수심과 정치적인 이유 때문에라도 사울 집안의 잔당을 싹 다 죽여 없애는 것이 맞는 것 아니겠습니까? 그런데 다윗은 오히려 자신을 죽이려고 했던 사울의 집안에 자비를 베풀겠다고 작정합니다.

그때 다윗이 뭐라고 하느냐? 사무엘하 9장 3절 말씀에 보면 "왕이 이르되 사울의 집에 아직도 남은 사람이 없느냐 내가 그 사람에게 하나님의 은총을 베풀고자 하노라"라고 합니다. 그런데 성도님들, 이때 다윗이 누구의 은총을 베풀겠다고 합니까? 자신의 은총을 베풀겠다고 합니까? 아닙니다. 하나님의 은총을 베풀겠다고 합니다. 왜냐하면 다윗은 이미 자신이 하나님의 은총을 받은 자라는 것을 철저히 깨달았고, 그러하기에 하나님께서 주신 그 은총을 원수의 후손을 위해서 베풀겠다는 것입니다.

결국 어렵게 찾아낸 사울의 손자, 므비보셋을 가족처럼 대하며, 두 다리를 잘 쓰지 못하는 장애인인 그를 왕의 식탁에서 함께 먹도록 그렇게 하나님의 은총을 베풀어줌을 볼 수 있습니다. 그러므로 나는 이미 하나님의 큰 은총을 받은 사람임을 자각하는 자입니다. 이런 사람들에게서 드러나는 삶의 태도가 바로 ① 자비이고, ② 친절인 것입니다. 즉, 진짜 하나님을 제대로 믿는 사람, 진짜 구원 받은 사람은 삶의 태도가 자비로울 수밖에 없는 것입니다.

2. 그런데 우리가 베풀 수 있는 가장 좋은 자비, 최고의 자비 는 따로 있습니다

1) 오늘 본문 말씀을 보시면 하나님께서는 누구에게 자비를 베풀라고 하십니까? 바로 나그네와 고아와 과부입니다.

2) 구체적으로 어떻게 하라고 하십니까? 이들이 양식이 없어 죽는

일이 없도록 하라고 말씀하십니다.

그렇다면 한번 잘 생각해 봅시다.

(1) 어떤 사람을 나그네라고 합니까?

집이 없는 사람을 나그네라고 합니다. 이것을 영적으로 보면 이 땅에서의 생을 마치는 날 ① 갈 곳이 없는 사람, 즉 ② 하늘의 집을 준비하지 못한 사람이 바로 영적 나그네인 것입니다.

(2) 그렇다면 누가 고아입니까?

아버지가 없는 사람이 고아입니다. 즉, 하나님 아버지를 모르고 사는 사람이 바로 영적인 고아인 셈이지요.

(3) 그러면 또 누가 과부입니까?

신랑 없는 여인이 과부이지요. 즉, 예수 그리스도라는 신랑을 모르고 버림받은 인생이 영적인 과부인 것입니다. 그렇다면 성도님들, 하나님께서는 "나그네와 고아와 과부에게 먹을 양식이 없어 죽는 일이 없도록 하라"라고 하셨지 않습니까? 그렇다면 그들을 살리는 양식이 과연 무엇일까요? 바로 ① 복음, ② 하나님의 말씀입니다. 예수님께서도 마귀에게 시험 당하실 때 이렇게 말씀하셨지요. "사람이 떡으로만 살 것이 아니요 하나님의 입으로부터 나오는 모든 말씀으로 살 것이라"(마 4:4). 그러므로 우리가 줄 수 있는 최고의 자비는 바로 복음인 것입니다. ① 인생이 끝날 때, 갈 곳 없는 그들에게 하늘의 집을 나누고, ② 아버지 없이 살아가는 사람들에게 하나님

아버지를 나누고, ③ 그들에게 예수 그리스도라는 신랑을 소개하는
것. 이것이 바로 진정한 자비를 베푸는 것이지요.

나눔

나는 영적인 약자들에게 자비를 베푸는 자가 맞습니까? 복음을
전하는 삶을 살아가고 있습니까? 아니면 나만 천국 가는 인생입니까?

3. 주는 자와 받는 자가 동시에, 둘이 함께 복 되는 일이 무엇 인지 아십니까?

바로 복음 전하는 일입니다. ① 받는 자는 예수를 믿고 구원을 얻는 영생의 복을 받게 되었고, ② 주는 자는 "잘했다, 착하고 충성된 종아"라며 하나님께 천국의 상급을 받게 되니까요.

　제가 예전에 한 목사님의 수기에서 읽었던 글인데요. 하루는 이 목사님께 심방 요청이 와서 한 가정에 심방을 가셨다고 합니다. 그런데 가서 보니 그 집 남편이 심각한 병이 들어 꼼짝도 못 하고 누워 있는 거예요. 그 모습을 보는데 얼마나 가슴이 아팠던지. 그런데 얼마 후 그 교회의 어떤 장로님께서 목사님에게 보약을 달여서 선물로 주셨는데, 목사님께서 자기가 먹으려고 하니 병석에 누워 있던 그 집 남편이 자꾸 눈에 밟히더랍니다. 그래서 그 집 남편 먹고 힘내라고 그 보약을 통째로 그냥 가져다 주었답니다.

　그런데 보약을 주셨던 장로님께서 몇 달 뒤에 "목사님, 보약 잘 드셨습니까?" 하고 물으시더랍니다. 얼마나 곤란했을까요? 그래서 엉겁결에 "예, 잘 먹었습니다"라고 대답을 했더니, 그다음 주에는 녹용 다린 것을 또 가져다주시더랍니다. 장로님의 정성을 봐서라도 이번에는 꼭 내가 먹어야지 했는데, 먹으려고 하니 자꾸 병상에 누워 있던 그 집 남편이 생각나서 도저히 목구멍으로 넘어가지를 않더랍니다. 그래서 이번에도 또 그 남편에게 찾아가서 전해 주었답니다.

　그렇게 몇 해가 지나 참 감사하게도 그 집 남편이 완전히 건강을 회복했다고 합니다. 그래서 이제는 이 남편이 건강할 뿐만 아니라 돈도 잘 벌게 되었다고 합니다. 그런데 이상하게도 그때부터 그 집 부인이 새벽기도회에 나오는데, 올 때마다 그렇게 서럽게 울더랍니다. 그래서 목사님께서 조용히 불러서 물어보았습니다. 그런데 알고 보니 그 집 남편이 바람이 나서 집에 들어오지를 않는다는 겁니다.

그러면서 그 부인이 하는 말이 "목사님, 병들어 누워 있을 때가 차라리 나았어요. 목사님이 보약 먹여 살려 놓았더니 엉뚱한 짓이나 하고"라며 서럽게 울더랍니다. 그때 목사님의 마음속에 이런 후회가 들더랍니다. '아, 내가 그 사람에게 육신의 보약은 먹였는데, 예수라는 진짜 보약은 못 먹였구나.'

7과 _ 양선 I
선한 분은 오직 하나님 한 분
마태복음 19장 16-17절

　한 유명한 교수님께서 자신의 강연회에서 이런 이야기를 하신 적이 있습니다. 3.1만세운동 당시에 나라를 걱정하는 마음이 매우 큰 분이 계셨답니다. 이분은 나라의 비참한 현실에 대해 몹시 비통한 심정과 울분을 품고 있었다고 합니다. 하지만 만세 운동을 하다 잡히면 살벌한 고문을 당하던 시대였기 때문에 겁이 났던 것이지요.

　그래서 이 분이 어떻게 했느냐? 밤마다 혼자 방에 들어가서 이불을 뒤집어쓴 채로 조용히 "대한 독립 만세"를 외쳤답니다.

　시간이 흘러서 해방의 기쁨을 맛보게 되자, 이 분이 관공서로 뛰어가서 뭐라고 한지 아십니까? 자기도 밤마다 혼자 방에서 이불을 뒤집어쓰고 조용히 "대한 독립 만세"를 외쳤으니 자기도 독립투사의 반열에 들어가야 한다고 주장했다고 합니다.

　그러면서 이 교수님이 뭐라고 했느냐? "독립운동을 행동으로 옮기지 않고, 이불 속에서 혼자 만세를 부르는 사람을 과연 독립투사라고 할 수 있겠느냐?"라는 것입니다. 당연한 이야기지요.

1. 양선의 의미

양선은 우리가 일상에서 흔히 쓰는 말이 아니다 보니 이게 무슨 뜻인지 감을 잘 못 잡는 편입니다. 양선은요. ① 어질 양(良)자에, ② 착할 선(善)자가 합쳐진 말인데, 풀이를 하자면 "선을 행하다"입니다. 그래서 공동번역 성경에서는 '선행'이라고 번역하고 있습니다.

2. 양선과 자비의 결정적 차이

양선의 뜻이 "선을 행하다"라면 지난 두 주간 걸쳐서 본 자비와 큰 차이가 없어 보이지요? 그런데 자비에 비해서 양선이 훨씬 더 능동적인 의미를 가지고 있습니다. 왜냐하면 ① 자비는 마음을 먹는 것과 관련이 있는 반면, ② 양선은 그렇게 먹은 마음을 행동으로 표출하는 것이기 때문입니다. 즉, ① 자비는 선한 마음을 나타내는 것이라면, ② 양선은 선을 행동으로 표현하는 것을 말하는 것이지요.

3. 만약 자비만 있고, 양선이 없으면 어떻게 되겠습니까?

앞서 본 것처럼 이불 속에서만 "대한 독립 만세"를 외친 사람과 똑같은 것입니다. "아프리카의 아이들이 기근에 시달리며 죽어간다, 동남아의 아이들이 교육을 못 받아 가난이 대물림된다." 이런 다큐멘터리를 보고 있으면 눈물이 납니다. 그런데 거기까지가 대부분이지요. 마음은 아프지만, 결정적인 행동이나 마음에 따른 실천은 하지 않는 것입니다.

　그런데 내 마음이 아팠다는 것만으로도 충분히 자신이 선한 양심을 가진 사람이라 생각하는 것, 그것이 문제인 것입니다. 감리교의 창시자인 존 웨슬리는 이렇게 행동이 따르지 못하는 그리스도인을 향해 '올모스트 크리스천'(almost christian)이라고 불렀습니다. 직역하면 '거의 그리스도인'이구요. 신학적으로 번역하면 '명목상 그리스도인'입니다. 즉, 양선에는 반드시 행함이 뒷받침되어야 한다는 것입니다.

나눔

1) 나는 실천하는 그리스도인입니까? 아니면 명목상 그리스도인입니까? 나는 진짜 그리스도인입니까? 아니면 거의 그리스도인에 가까운 사람입니까?

2) 실천하고자 하는 마음을 진짜로 해내려면 이제부터 어떻게 해야 할까요?

4. 나눔을 하면서 나는 그렇게 착하게 살지도 못한 것 같고, 내가 먹고 살기에 바빠서 남 돕고 그러는 것 해 보지도 못했고, 기부나 후원은 꿈도 못 꾸고 살았다. 이러시는 분들이 계실 것 같아서 말씀드립니다

마태복음 19장 17절 말씀에 보시면 "예수께서 이르시되 어찌하여 선한 일을 내게 묻느냐 선한 이는 오직 한 분이시니라"라는 말씀이 있습니다. "선한 분은 오직 하나님 한 분뿐이시다"라는 것이지요. 즉, "선은 인간에게 속한 것이 아니라 하나님께 속한 것이다"라는 뜻입니다. 우리가 구원받게 된 이유, 그러니까 하나님께서 우리를 구원하신 이유가 ① 우리가 착해서입니까? ② 아니면 하나님의 선하심 때문입니까? 당연히 하나님의 선하심 때문이지요. 그러므로 ① 우리는 원래 착하지 않지만, ② 하나님의 선하심 때문에 새롭게 거듭난 것입니다.

그러니 이제는 우리의 힘이 아니라 하나님의 선하심 때문에 우리도 선을 베풀 수 있게 되었다는 것입니다. 실제로 기독교의 역사에서도 그랬습니다.

1) 초대교회에 성령의 임재가 강력히 나타난 이후 가장 크게 드러난 성령의 열매가 바로 양선이었습니다.

사도행전 2장 44-45절 말씀에 보면 "믿는 사람이 다 함께 있어 모든 물건을 서로 통용하고, 또 재산과 소유를 팔아 각 사람의 필요를 따라 나눠 주며"라고 합니다. 원래 이러했던 사람이 아니지요. 이전에는 자기들의 욕심을 채우고자 예수님을 따랐던 사람들입니다. 그런데 성령의 임재 이후에 확 바뀐 것이지요.

2) 또 사도행전 11장 24절 말씀에 보면 "바나바는 착한 사람이요 성령과 믿음이 충만한 사람이라"라는 말씀이 있습니다.

이 구절에 보면 착한 사람과 성령과 믿음이 충만한 사람을 동일시해 놓았지요. 왜요? 성령과 믿음이 충만해지면, 하나님의 선함을 닮게 되기 때문입니다.

개구쟁이 데니스라는 만화가 있습니다. 이 만화에 보면 윌슨이라
는 부인에게 데니스와 친구들이 쿠키를 선물 받는 장면이 나오는데요.
그런데 아이들이 자기들이 워낙 심각한 사고뭉치인지 본인들도 잘
알기에 아무런 이유 없이 쿠키를 받은 것이 좀 민망했습니다. 그래서
한 친구가 이런 질문을 합니다. "우리가 과연 이 쿠키를 받을 만한
착한 일을 한 적이 있었나?" 그때 주인공 데니스가 이렇게 대답합니다.

"우리가 착해서 쿠키를 받은 것이 아니야. 윌슨 부인이 착하셔서 주신
것이지."

이거 정말 명답이지요. 선한 분은 우리가 아니라 하나님이십니다.
다만 구원받은 우리는 이제부터 그분을 닮아가야 하지요.

8과 _ 양선 Ⅱ
선한 일을 위하여 지음을 받은 자
에베소서 2장 10절

"하나님이 자기 형상 곧 하나님의 형상대로 사람을 창조하시되 남자와 여자를 창조하시고"(창 1:27).

인간은 창조 당시 하나님의 형상으로 지어졌기 때문에 원래는 선한 존재들이었습니다. 정확히는 선만 알고 있던 존재들이었습니다. 그런데 어느 날, 사탄이 찾아와 이렇게 유혹합니다. "너희가 선악과를 먹으면 너희 눈이 밝아져 하나님과 같이 되어서 선악을 알게 될 거야."

성도님들, 한 번 생각해 보십시오. 선만 아는 것이 좋겠습니까? 선과 악을 다 아는 것이 좋겠습니까? 이건요. 맑은 물에 먹물 타 보면 압니다. 맑은 물에 먹물을 타면 물이 중간색, 그러니까 뭐 노란색 비스무리하게 되는 것이 아니라 그냥 까만색이 되지요. 즉, 선과 악이 함께 있으면 선이 이기기 힘든 것입니다. 아니, 아예 이길 수가 없는 것입니다. 그래서 결국 인간은 죄인이 되고 만 것입니다. 결국 죄인이 된 인간은 선을 행하기보다 악을 행하는 존재가 된 것입니다.

1. 창세기의 구도

그런데 시작하자마자 인간이 죄로 인해 선을 잃어버렸다고 설명하던 창세기가 마지막 장에 이런 말씀이 나옵니다.

> 하나님은 그것을 선으로 바꾸사(창 50:20).

바로 요셉의 신앙고백인데요. ① 요셉은 어린 나이에 형들의 시기와 미움으로 인해 머나먼 이방 땅으로 팔려 와 종이 되어 살아갑니다.

② 그렇게 어려운 가운데에서도 열심히 살아온 요셉인데, 하나님 앞에서 죄를 짓지 않으려고 하다가 모함을 받아 감옥에 갇히게 되지요. 하지만 하나님께서 요셉과 함께하심으로 말미암아 요셉은 당시 세계 최강대국이던 애굽의 총리가 됩니다.

그러던 어느 날, 천하에 흉년이 들자 요셉의 형들은 양식을 구하러 애굽으로 찾아와 총리인 요셉 앞에 무릎을 꿇습니다. 그때 요셉의 심정이 어땠겠습니까? 인간적인 마음으로야 반갑기도 하고, 분하기도 하고, 살아 있는 것을 보니 감사하기도 하고, 저 나쁜 놈들이 아직도 살아있나 싶어서 억울하기도 하고 온갖 마음이 다 들었겠지요.

하지만 결국 요셉은 형들을 깨끗하게 용서합니다. 어떻게 그럴 수 있었을까요? 요셉은 형들이 자기에게 한 악함을 하나님의 섭리 사관 안에서 해석했기 때문입니다. 그래서 창세기 45장 5절 말씀에 보면 "당신들이 나를 이곳에 팔았다고 해서 근심하지 마소서 한탄하지 마소서 하나님이 생명을 구원하시려고 나를 당신들보다 먼저 보내셨나이다"라고 말하는 장면이 나옵니다. 즉, 요셉의 용서가 가능했던 것은 하나님의 섭리를 이해했기 때문입니다. 결국 인간의 만사는 악할 뿐이지만, 선함은 하나님으로부터 나온다는 것을 요셉이 증명한 것입니다.

2. 창세기의 클라이맥스, 창세기 50장 20절은 우리에게 어떤 하나님을 보여줍니까?

당신들은 나를 해하려 하였으나 하나님은 그것을 선으로 바꾸사 오늘과 같이 많은 백성의 생명을 구원하게 하시려 하셨나니

요셉은 하나님을 어떤 분으로 고백합니까? 악한 것을 선으로 바꾸시는 분이라고 고백합니다. 즉, 하나님께서는 ① 악한 것을 선한 것으로, ② 악한 마음을 선한 마음으로, ③ 악한 환경을 선한 환경으로 바꾸시는 분이시라는 것입니다. 그러므로 하나님께서 하시는 일 중 가장 큰 일은 바로 바꾸시는 일입니다.

3. 바꾸시는 분

우리는 흔히 요셉을 예수 그리스도의 모형이라고 하지요. 왜요? "하나님은 그것을 선으로 바꾸사 오늘과 같이 많은 백성의 생명을

구원하게 하시려 하셨나니." 바로 이 내용 때문입니다. 그래서 이 말씀은 장차 만민을 구원하러 오실 예수 그리스도에 대한 예언이자 신앙고백인 것입니다.

하나님께서는 죄로 말미암아 타락한 이 세상을 바꾸시려 예수 그리스도를 이 땅에 보내셨습니다. 그런데 사람들은 예수 그리스도를 십자가에 못 박아 죽였습니다. 하지만 하나님께서는 그 죽음을 생명의 부활로 바꾸어 주셨습니다. 십자가는 원래 처참하게 사람을 죽이는 형틀인데, 하나님께서는 그 죽음의 형틀마저도 구원에 이르는 통로로 바꾸어 주셨습니다.

그러므로 누구든지 그분을 믿는 자마다 멸망에서 생명으로 바뀌는 것입니다. 즉, ① 예수님께서는 우리의 운명을 바꾸어 주시려고 이 땅에 오셨습니다. ② 우리에게 있는 악한 것들을 선으로 바꾸어 주시려고 우리를 찾아오신 것입니다. 그래서 ① 죄인을 의인으로, ② 병든 자를 건강하게, ③ 가난한 자를 부요하게, ④ 실패를 성공으로 바꾸어 주시려고 우리를 부르신 것입니다. ① 불평불만 많은 사람을 감사와 찬송이 넘치는 사람으로, ② 부정적인 사람을 긍정적인 사람으로, ③ 무능한 사람을 유능한 사람으로 바꾸어 주시려고 우리를 부르신 것입니다. 결국 죄로 말미암아 하나님께 버림받은 자를 하나님 나라의 선택된 백성으로 바꾸어 주시는 것입니다.

질문과 나눔

1) 하나님께서 우리를 구원하신 후, 곧바로 천국에 바로 데려가시지 않고, 이 땅에 두신 이유가 무엇일까요?

사실 구원받는 순간 즉시 천국에 올라가면 좋잖아요. 더 이상 죄지을 일도 없고, 세상살이에 힘들어 할 일도 없고, 얼마나 좋습니까?

2) 또 하나님께서 우리를 구원하실 때, 아무런 대가도 받지 않으시고, 은혜로 구원하신 이유는 무엇일까요?

질문의 답과 나눔

이 두 질문에 대한 공통의 답이 바로 양선입니다. 즉, 선한 일을 하게 하기 위해서라는 것입니다. 그러므로 우리는 이 세상 한복판에서 하나님의 선하심을 드러내기 위해 하나님의 부르심을 입은 존재들이라는 것입니다. 이것을 위해 나를 아무런 대가 없이 구원하셨고 또 구원하신 이후에도 나를 여전히 이 세상에 두신 것이지요. 그러면 이제부터 우리가 어떻게 살아야 할까요?

   아주대학교 권역외상센터에 계시는 이국종 교수님을 아시지요?
이 분의 아버지가 6.25전쟁에서 눈과 팔과 다리에 부상을 입은 장애
2급 국가유공자셨습니다. 지금이야 이것이 자랑스러운 일이지만,
이국종 교수님이 어릴 때는 이것이 달갑지 않은 낙인이었다고 해요.
병신의 아들, 술주정뱅이 아들, 거렁뱅이 아들이란 타이틀을 늘 달고
살았다고 합니다.

   그중 이런 일화가 있는데요. 이국종 교수님이 중학생 시절에 축농
증을 심하게 앓아서 병원에 갔는데, 치료 과정에 대해서 이야기하던
중 노란색 국가유공자 의료 복지 카드를 내밀자 갑자기 반응이 싸늘하
더랍니다. 그러고는 다른 병원을 가보라고 하더랍니다. 그렇게 몇몇
병원을 전전했지만, 한 군데도 받아주는 곳이 없더랍니다. 국가유공
자 의료 복지 카드를 가지고 있으면, 병원 입장에서는 수익이 안 된다
고 생각했던 것이지요. 그렇게 또 한 번 어린 마음에 큰 상처를 받게
되었답니다.

   차비도 없을 때라 걸어서 여러 병원을 떠돌다, 결국 김학산 외과라
는 곳에 가게 되었는데요. 국가유공자 의료 복지 카드를 내미니까,
그 의사 선생님이 딱 보고는 "아버지가 자랑스럽겠구나!"라고 말씀해
주시더랍니다. 이때 이 의사 선생님의 말에 얼마나 놀랐던지, 어린
이국종 학생이 의사 선생님께 "왜 저를 일반 환자와 같이 대우해 주시
나요?" 이렇게 물어볼 정도였답니다. 그리고 이 병원에서는 치료비도
안 받았을 뿐만 아니라 오히려 용돈을 주기도 하셨답니다. 이 모습을

본 어린 이국종 학생이 결심을 하게 되지요. '나도 꼭 의사가 되어서 가난한 사람들을 돕자. 아픈 사람들을 위해 봉사하며 살자.'

그래서 이국종이라는 훌륭한 의사가 탄생하게 된 것입니다. 이국종 교수님이 생각하는 의사의 원칙, "환자는 돈 낸 만큼이 아니라 아픈 만큼 치료받아야 한다"라는 신념이 바로 이때 생겼다고 합니다.

성도님들, 필립 케네슨이 쓴『열매 맺다』라는 책에 보면 이런 글이 나옵니다. 하나님의 선하심을 반영하는 우리의 능력은 하나님에게서 오는 것이고 또한 타인을 하나님께 인도하는 통로가 된다. 이 말을 아주 쉽게 설명하면 선함은 반드시 전염된다는 것입니다. 그래서 에베소서 2장 10절에서는 이렇게 말씀합니다. "우리는 그가 만드신 바라 그리스도 예수 안에서 선한 일을 위하여 지으심을 받은 자니." 하나님의 선하심이 우리에게 왔으니, 이제는 우리가 이 세상에 선한 행동을 보여야 한다는 것입니다. 그러면 하나님의 선함이 우리로 말미암아 이 세상에 퍼지게 된다는 것입니다.

9과
충성!
마태복음 25장 14-30절

먼저 '충성'이라는 단어의 의미를 세 가지로 간단히 말씀드리겠습니다.

1. 충성은 마음으로 승복하는 중심의 태도를 말합니다

즉, 성령의 열매로서의 충성은 행위적인 개념보다는 하나님을 향해 완전히 승복하는 마음의 상태입니다. 그러므로 열심히 봉사하면서 마음속에서 불평이 생기는 것은 진정한 충성이 아니겠지요?

2. 충성이라는 단어에는 '지속적으로'라는 뜻이 있습니다

그러니까 성경이 말하는 충성은 반짝 열심을 내는 그런 차원의 충성이 아니라는 것입니다.

3. 충성이라는 말에는 신실함이란 뜻도 있습니다

그렇다면 우리가 하나님께 충성된 자로 인정받기 위한 가장 중요한 조건이 무엇일까요? 충성의 본질에 관해서도 세 가지로 알아보도록 하겠습니다.

1) 충성의 본질 — 14절

또 어떤 사람이 타국에 갈 때 그 종들을 불러 자기 소유를 맡김과 같으니.

이것을 청지기 의식이라고 하지요. 바로 내가 가진 모든 소유의 주인이 따로 있다는 것을 아는 것입니다. 그런데 대부분의 사람은 이렇게 생각하지 않지요. 예를 들어 대부분의 사람은 생명을 자기의 것이라 생각합니다. 인생도 자기의 것이라 생각합니다. 그러다가 고난을 겪을 때에서야 "아이고, 하나님" 하면서 비로소 이 사실을 인정하게 되더라고요.

건강할 때는 건강이 자기의 것이라 생각했지만, 건강을 잃어버렸을 때는 그것이 자기 것이 아니라 하나님의 것이라는 것을 깨닫게 됩니다. 돈이 있었을 때는 그 돈이 자기 것이라 생각했지만, 그 돈이 수중에서 다 빠져나가고 나면 그때서야 자기 것이 아니라 하나님의 것임을 깨닫습니다. 소 잃고 외양간 고친다고 꼭 이렇게 힘든 고난을 당하고 나서야 하나님을 찾는 모습이 참 안타깝습니다.

2) 충성의 본질 — 21절, 26절

(1) 충성의 반대말이 무엇일까요? 사전에서는 반역이라고 합니다.

(2) 그러면 게으름의 반대말은 무엇일까요? 당연히 부지런함이 겠지요.

그런데 오늘 본문에 보면 "착하고 충성된 종아"(21절)의 반대말이 악하고 "게으른 종아"(26절)입니다.

여기서 ① '착하다'와 '악하다'가 대칭으로 쓰인 것은 이해가 되지만, ② 충성과 게으름이 대칭이 되다니 이건 좀 이상하지요? 그런데 영적인 세계에서는 이것이 맞습니다. 충성은 "하나님을 위해 부지런히 살아라"라는 부르심이기 때문입니다. 실제로 예수님을 따르는 길은 처음부터 좁은 길이고, 십자가의 길이거든요. 그러므로 영적인 승리를 위한 충성에는 부지런한 절제와 희생이 요구되는 법입니다.

3) 충성의 본질 — 21절

그 주인이 이르되 잘하였도다 착하고 충성된 종아 네가 적은 일에 충성하였으매 내가 많은 것을 네게 맡기리니 네 주인의 즐거움에 참여할지어다 하고 이 말씀을 잘 분석해 보시면 세 가지 칭찬과 두 가지 보상이 있다는 것을 발견하실 수 있습니다.

우선 세 가지 칭찬은 ① 잘하였도다, ② 착하다, ③ 충성되다. 두 가지 보상은 ① 적은 일에 충성하였으매 많은 것을 네게 맡기겠다는 것과 ② 주인의 즐거움에 참여하라는 것입니다. 그런데 여기서 좀 이상한 것이 있습니다. "적은 일에 충성하였다"라고 하는데요. 당시에 달란트라는 것은 돈의 단위 중에서 제일 큰 단위였습니다. 실제로 그 당시에 금 한 달란트면 한 사람이 20년을 풍족히 먹고살 만한 돈이었다고 합니다.

그렇다면 ① 다섯 달란트 받은 사람은 100년을 풍족히 먹고살 만한 돈을 받은 것이고, ② 두 달란트 받은 사람은 40년을 풍족히 먹고살 만한 돈을 받은 것인데, 왜 주인은 "적은 것에 충성하였다"라고 했을까요?

이 이유는 생각보다 간단합니다. 종들이 열심히 일해서 벌어 온 달란트보다 주인이 주는 상급이 더 크기 때문입니다. 그러므로 성도님들 ① 우리가 하나님 앞에서 충성한 것보다 ② 하나님께서 우리에게 주실 상급이 훨씬 더 크다는 것입니다.

① 16절 말씀에서 보면 다섯 달란트 받았던 사람은 바로 갔다고 합니다. 즉, 이 사람은 머뭇거리거나 갈등하지 않았습니다. 즉각적으로 결단하고, 즉각적으로 순종하고, 즉각적으로 행동했습니다. 그래서 착하고 충성된 종이라 불리게 된 것입니다. ② 이에 반해 악하고 게으른 종이란 소리를 들은 한 달란트 받았던 사람은 몸은 게으른 대신 입만 바빴습니다. 이래서 그랬고 저래서 그랬다고 제일 말이 많습니다. 그렇다면 나는 장차 하나님 앞에서 섰을 때 어떤 모습에 더 가까운 평가를 받을까요?

한때 전 세계를 호령했고, 역사상 가장 넓은 영토를 지배했던 칭기즈 칸에게는 처음부터 끝까지 목숨을 걸고 생사고락을 같이 한 충성된 사람들이 있었다고 합니다. 그들에게 칭기즈 칸은 타르탄이라는 칭호를 붙여 주었는데요. 이후 칭기즈 칸이 황제가 되자마자 충성을 다한 타르탄에게 다음과 같은 특권을 주었다고 합니다. 첫째, 언제든지 누구의 허락을 받지 않아도 왕의 집에 들어올 수 있다. 둘째, 전쟁이 끝나고 나면 노획물 중에서 가장 좋은 것을 먼저 골라 가질 수 있다. 셋째, 세금을 내지 않아도 된다. 넷째, 사형 죄를 지어도 아홉 번까지 용서받을 수 있다. 다섯째, 나라 안에서 갖고 싶은 땅을 얼마든지 가질 수 있다. 여섯째, 이러한 권리는 그의 자손 4대까지 이어진다.

정말 어마어마한 특권이지요. 이 내용을 보면서 요한계시록 2장 10절 말씀, "네가 죽도록 충성하라 그리하면 내가 생명의 관을 네게 주리라." 바로 이 약속이 떠올랐습니다. 이 땅의 황제도 자기에게 충성한 자들을 위해 저렇게 큰 상급을 베푸는데, 천지 만물의 통치자이시며 온 우주의 주인이신 하나님께서는 자신에게 충성한 이들에게 과연 어떤 것으로, 어느 정도의 것으로 갚으실까요?

그러므로 우리도 하나님의 타르탄이 되어야 합니다. 하나님께 착하고 충성된 종이 되어야 합니다. 그러면 이 세상 그 어떤 것과도 비교도 안 될, 크고도 영원한 상급을 우리에게 주실 것입니다.

10과

온유한 자가 결국 승리합니다 I

마태복음 5장 5절

이탈리아의 정치철학가로 군주론이란 책을 쓴 마키아벨리는 성경을 패러디해서 이런 말을 한 적이 있습니다. "태초에 힘이 있었다." 실제로 마키아벨리는 『군주론』이란 책에서 주장하기를 "사람을 지배하는 방법은 사랑이나 덕이 아니요, 힘과 권력이고, 이것이 인류의 역사를 지배해 왔다"라고 합니다.

사실 이 말은 틀린 말이 아닙니다. 왜냐하면 인류의 역사는 항상 힘이 지배해 온 역사이기 때문입니다. 그래서 돈의 힘, 권력의 힘, 숫자의 힘, 이것을 3대 힘이라고 말하지요.

1. 하지만 기독교에는 이와는 반대되는 엄청난 역설이 존재합니다

예를 들면 ① 높아지고자 하면 낮아져야 한다는 것입니다. 반대로 스스로 높아지면 결국에는 낮아진다고 하지요(눅 14:11). ② 살고자 하면 내가 먼저 십자가에서 그리스도와 함께 죽어야 한다고 합니다(갈 2:20). ③ 그리고 성경 안에서 최고의 역설 중 하나는 바로 오늘 본문 말씀입니다(마 5:5). 온유한 자는 복이 있나니 그들이 땅을 기업으로 받을 것임이요.

2. 약육강식? 약흥강멸!

마키아벨리는 힘이 세상을 지배한다고 했지만, 놀랍게도 "온유한 자가 결국에는 승리한다"는 예수님의 말씀은 이미 이 세상이 우리에게 보여주고 있는 진리입니다. 한번 잘 생각해 보십시오.

1) 생태계의 원리를 약육강식이라고 하지요

즉, 강한 자만이 생존경쟁에서 살아남는다는 것입니다. 그런데 실상은 어떻습니까? 강하디 강한 동물인 사자나 호랑이는 지금 멸종 위기에 처해 있습니다. 하지만 소나 양처럼 온유한 동물은 그야말로 생육하고, 번성하여, 땅에 충만하고 있습니다.

2) 또 큰 물고기는 작은 물고기를 잡아먹고 살지요

그런데 멸종 위기의 물고기는 작은 물고기가 아니라 큰 물고기입니다. 아니, 이것 참 이상하지요. 강자만이 생존 경쟁에서 살아남는다고 했는데, 실상은 약하고 힘없는 것들만 갈수록 늘어나니, 약육강식이란 말로 어찌 이것을 설명할 수 있겠습니까? 오히려 약한 것은 흥하고, 강한 것은 멸하고 있으니 말입니다.

3. 예수님이 보여준 본보기

예수님께서는 도살장에 끌려가는 양처럼 너무나도 유약한 모습으로 돌아가셨습니다. 그것도 강력한 힘의 제국, 로마의 사형 틀인 십자가에 달려 돌아가셨지요. 온유한 자가 이긴다더니 결국에는 이런 무기력한 모습을 보여주시고 마신건가요?

아니지요. 힘으로 예수님을 십자가에 매달았던 로마 제국은 그 힘이 빠지자 얼마 안 가 무너지고 맙니다. 하지만 십자가에 달리셨던 예수님은 지금도 수많은 사람의 가슴과 영혼에 감동을 주고, 그들의 인생을 바꾸어 주고 계십니다. 또한 전 세계, 수많은 열방과 민족들에게 영광과 찬양과 경배를 받고 계시지요. 그러므로 성도님들 온유한 자가 결국에는 승리자가 된다는 사실을 이 세상 살아가는 동안 반드시 기억하며 사시기를 바랍니다.

　온유함으로 이기려면 결국 기다림이란 시간이 필요한 법입니다.
혹시 온유함으로 승리한 경험이 있나요? 좋은 사례들이 있다면 나누
어 봅시다.

　중국의 유명한 사상가 노자는 상창이라는 스승에게서 도를 배웠답니다. 어느 날, 스승 상창이 늙어 죽을 날이 다가온 것을 안 노자가 스승에게 이런 부탁을 합니다. 스승님께서 가상을 뜨실 날이 얼마 남지 않은 것 같으니, 저에게 마지막 가르침을 주십시오. 그러자 상창은 한참 동안 노자의 얼굴을 빤히 보더니, 그냥 입을 열어 보입니다. 그러자 노자가 "사부님 알겠습니다. 감사합니다" 하고 큰절을 드리고는 나왔다고 합니다.

　그때 노자가 깨달은 것이 무엇이냐? 이빨처럼 강하고 날카로운 것은 결국엔 다 빠져나가고 없어지더라는 겁니다. 하지만 혀처럼 부드러운 것은 오랫동안 남아 있더라는 것입니다. 사자성어 중에 유능승강(柔能勝剛)이란 말이 있습니다. 유한 것이 강한 것을 이긴다는 말이지요. 실제로 물과 바위가 부딪치면 누가 이깁니까? 바위가 훨씬 더 단단하지만, 결국에는 물이 바위를 쪼개고, 맨들맨들하게 만들어 버리지요. 그러므로 예수님께서 말씀하신 "온유한 것이 결국에는 이긴다"는 것은 세상살이의 법칙이고 성경의 진리인 것입니다.

11과
온유한 자가 결국 승리합니다 II
마태복음 5장 5절

1. '온유'는 헬라어로 '프라우스'라고 합니다

온유가 무엇일까요? 헬라어 '프라우스'라는 말에는 아주 재미있는 어원적 배경이 있습니다. 예전 사람들은 벌판을 질주하던 야생마를 잡아 길들여 교통수단으로 사용했는데요. 이때 사납고 거친 말을 순하게 길들여, 이제는 주인의 명령에 잘 순종하고 따르게 되었을 때, 이 말을 프라우스라고 불렀다고 합니다. 자동차의 페달에는 속도를 내는 액셀과 속도를 통제하는 브레이크가 있지요. 그래서 이 둘이 조화를 잘 이룰 때, 안전하게 운전할 수 있습니다.

그런데 액셀이 고장 나면 속도가 안 날 뿐, 큰 사고가 나지는 않지만, 브레이크가 고장 나면, 그때는 속도를 주체할 수 없기 때문에 무서운 사고를 일으키게 됩니다. 온유가 이 브레이크와 같습니다. 힘을 조절하고, 바르게 사용하도록 통제하는 것이 바로 온유이기 때문입니다.

2. 프라우스라는 말에는 중용이란 뜻이 있습니다

고대 철학자인 아리스토텔레스는 프라우스라는 말에 대해 이렇게 정의를 내렸습니다. "온유란 분노와 무관심 사이에 존재하는 절제된 중요의 감정이다." 우리는 보통 화가 나면 두 가지 반응 중 하나를 합니다. 분노를 폭발시키던가, 아니면 아예 화가 난 대상이나 사건을 모른 척하고 살던가. 우리는 흔히 무시해 버리는 것, 아니면 아예 무관심 혹은 무신경하게 있는 것을 온유라고 생각하는 경향이 있는데요. 절대로 그렇지 않습니다. 아리스토텔레스가 말한 것처럼 분노와 무관심 사이에서 치우치지 않은 절제된 감정, 이것이 온유라는 것입니다. 이것을 좀 어려운 표현으로 중용이라고 합니다. 그러므로 온유는 균형과 조화인 것이지요.

나눔

① 나는 열이 좀 과한 편입니까? ② 아니면 싸늘한 편입니까?
③ 그것도 아니면 열이 올랐다 내렸다 하는 변덕스러움이 있습니까?

3. 그러면 우리는 어떻게 온유해질 수 있을까요?

참 놀랍게도 성경을 잘 보시면 하나님께서는 우리에게 "온유해지라"라고는 단 한 번도 말씀하시지 않습니다. "사랑해라, 용서해라, 순종해라." 이런 이야기들은 참 많이 하셨는데, 이에 비하면 "온유하라"라고 말씀하신 적은 단 한 번도 없습니다.

왜냐하면 온유라는 성품은 전적으로 하나님께서 주시는 선물이기 때문입니다. 예수님께서도 이렇게 말씀하셨지요(마 11:29). "나는 마음이 온유하고 겸손하니 나의 멍에를 메고 내게 배우라 그리하면 너희 마음이 쉼을 얻으리니." 그러니까 온유의 뿌리는 성령인 것입니다. 그러므로 나는 천성적으로 온유하지 못하다고 하시는 분들도 성령을 받으면 충분히 온유해질 수 있는 것입니다.

4. 화평과 온유의 특별한 공통점

① 산상수훈에는 팔복이라고 여덟 가지의 복이 나오고, ② 갈라디아서 5장에는 아홉 가지 성령의 열매가 나오는데, 이 둘 중에 공통된 것이 딱 두 가지 있습니다. 바로 '화평'과 '온유'입니다. 즉, 하나님께 축복 받은 사람 그리고 성령을 받은 사람의 가장 뚜렷한 특징이 바로 화평과 온유라는 것입니다.

우리가 생각해 봐도 화평과 온유는 그 성질이 비슷하죠? 그러므로 '내가 진짜 하나님께 복을 받았는가?', '내가 진짜 성령을 받았는가?' 이것을 확증하려면 바로 내 안에 화평과 온유라는 성품을 가졌는지 확인해 보면 알 수 있다는 것입니다.

　그런데 만약 우리가 화평과 온유라는 성품을 가졌다? 그러면 이제 다른 것은 걱정하지 마십시오. 이런 분은 이미 하나님께 주실 복은 복대로 다 받은 사람이고, 또 이미 성령의 충만도 다 받은 사람이니까요. 온유한 자가 결국에는 승리하듯, 이런 분의 앞길에는 하나님께서 예비해 두신 좋은 것만 남아 있을 뿐입니다.

　　이스라엘이 건국된 1948년 이후 항상 주변 나라들과 불편한 관계를 맺고 있지요. 그런데 이 이야기는 제리 레빈이라는 사람이 레바논 주재, 이스라엘 외교관으로 근무하고 있었을 때의 일입니다. 한번은 이스라엘과 레바논의 관계가 악화되어 레바논이 이스라엘에 선전포고를 하게 되었습니다. 결국 전쟁이 일어났고, 레바논에서는 당시 이스라엘의 외교관이었던 제리 레빈을 인질로 잡았습니다.

　　이때 레바논 정부에서는 제리 레빈의 부인인 시스 레빈에게 "고향 이스라엘로 돌아가라. 남편은 정치적인 이유로 구속되었지만 가족들만큼은 무사 귀환 시켜주겠다"라고 했답니다.

　　그런데 이 시스 레빈이라는 분이 자기 조국으로 돌아가기를 거부합니다. 전쟁은 언제 끝날 줄도 모르고, 남편은 감옥에 갇혀서 언제 죽을지 모르는 이 상황에서 시스 레빈은 이전에 늘 해오던 대로 ① 매일 아침 레바논 아이들이 있는 유치원에 가서 온종일 열심히 아이들을 가르칩니다. ② 또 저녁 시간에는 치매 노인들을 돌보아 주는 곳에 가서 그들을 위해 성심껏 봉사했습니다. 그러자 이 시스 레빈을 따라다니던 레바논의 경찰들이 그녀의 모습을 보고 마음에 감동을 받았습니다. 그래서 그 사실을 상부에 보고했습니다.

　　그러자 레바논 정부에서도 인질로 잡고 있는 제리 레빈을 잘 돌봐주라는 특별 명령을 내리게 됩니다. 한편 감옥에 있던 제리 레빈은 조국 이스라엘과 레바논 정부 사이에서 계속해서 평화를 이끌어 내기 위한 노력을 합니다. 그러자 상황이 조금씩 호전되기 시작했고, 드디어 양국 간에 평화 협정을 맺기로 결정되었습니다. 결국 크리스마스 날 아침, 레바논 정부는 제리 레빈을 석방하고 평화 협정에 서명했습니다.

이 사건 직후 이스라엘과 레바논 양국에서는 공히 제리 레빈과 시스 레빈 이 부부의 공로를 높이 사면서 이런 평가를 했다고 합니다.

"레바논 정부를 감동시킨 레빈 부부의 그 순수한 마음, 그것이 양국 간의 평화 협정이라는 아름다운 열매를 맺게 했다." 그러자 세계의 유수 언론들이 레빈 부부의 일화를 소개하며 뭐라고 했느냐? "결국 선으로 악을 이겼다"라고 평가했습니다.

사랑하는 성도님들, 당장에는 세상적인 힘이 센 사람이 승리하는 것처럼 보일지 모릅니다. 돈의 힘, 권력의 힘, 숫자의 힘이 압도하는 것처럼 보이지요. 하지만 생태계도, 인류의 역사도 증명하고 있듯, 결국에는 온유한 자가 승리하는 법입니다.

12과 _ 절제 I

하나님께 속해 있을 때만 맺히는 열매

요한복음 3장 28-29절

    식욕을 절제하지 못하고, 과식하는 사람들을 보고 흔히 돼지처럼 먹는다고 하지요. 그런데요. 실제로 돼지들은 위장의 80%가 차면, 아무리 맛있는 것이 자기 눈앞에 있어도 절대 더는 먹지 않는다고 합니다. 그러니 돼지 입장에서는 좀 억울할 것 같아요. 돼지처럼 먹는다는 말의 정확한 의미는 적당히 먹는다는 것이니까요. 사실은 돼지가 아니라 인간이 미련하지요.

    왜냐하면 먹는 것이든, 일하는 것이든, 말하는 것이든, 절제하지 못하는 동물은 오직 인간밖에 없기 때문입니다. 어디 돼지가 과식해서 배탈이 났다는 이야기를 들어 보신 적 있습니까? 어디 개미나 소가 과로로 쓰러졌다는 이야기를 들어 보신 적이 있습니까? 이런 이야기는 단 한 번도 들어본 적이 없습니다. 인간들이 억지로 시키고, 괴롭히지 않는 한, 동물들은 절대 스스로 그럴 리가 절대 없기 때문입니다. 그러므로 미련한 인간의 과욕을 조절하는 유일한 성품이 절제인 것입니다.

1. 그렇다면 성경이 말하는 절제는 무슨 뜻일까요?

절제를 헬라어로 보면 '엥크라테이아'인데요. 이 단어는 두 단어가 합쳐진 합성어이기 때문에 두 단어의 뜻을 모두 다 보아야 정확한 뜻을 알 수 있습니다. ① 먼저 '엔'이라는 접두어는 '무엇 안으로'라는 뜻이고요. ② 그다음으로 '크라토스'는 '강하고 절대적인 힘'이라는 뜻입니다. 그러니까 절제의 원어인 엥크라테이아는 "절대적인 힘을 가진 통치자의 영역 안에 있음"이라는 뜻입니다.

그렇다면 참 의외이지 않습니까? 우리가 일반적으로 알아왔던 절제라는 말은 스스로 통제하다(self control)라는 의미를 가지고 있는 줄 알았는데, 실은 "절대적인 힘을 가진 통치자의 영역 안에 있다"는 뜻이라네요. 그러니까 절제라는 것은 나 스스로 해낼 수 있는 것이 아니라 절대적 통치자 되시는 하나님 안에 거하는 상태일 때에라야 비로소 가능하게 된다는 것입니다.

2. 절제에 실패한 대표적 인물 ─ 사울

사무엘상 19장 말씀에 보면 사울은 특별한 이유도 없이 그저 질투의 화신이 되어 다윗을 죽이려고 혈안이 되어 있습니다. 그러자 사울의 아들이면서 다윗의 절친이었던 요나단이 눈물로 아버지께 호소합니다(삼상 19:4-5). "아버지는 어째서 아무런 잘못도 하지 않은 다윗을 죽이려고 하십니까? 제발 그에게 죄를 짓지 마세요. 다윗은 나라가 위기를 만났을 때, 자기 생명을 아끼지 않고 골리앗을 죽였으며, 결국 이스라엘을 구해낸 자입니다." 아들의 눈물 어린 호소에 큰 감동을 받은 사울이 이렇게 맹세합니다. "여호와께서 살아 계심을 두고 맹세하거니와 그가 죽임을 당하지 아니하리라"(삼상 19:6).

이제 더 이상은 다윗을 죽이려고 하지 않겠다는 맹세였고, 더군다나 이 맹세는 여호와의 살아 계심을 두고 한 맹세였습니다. 그런데요, 성경을 보면 이 맹세를 한 후, 딱 세 절이 지난 후(삼상 19:10) 사울이 단창을 던져 다윗을 죽이려 합니다. 대체 사울은 왜 이런 걸까요? 성경이 이 과정을 자세히 설명하고 있는데요. 거기에 보면 사울이 다윗을 향해 창을 던지기 직전에 아주 의미심장한 한마디를 덧붙여 놓았습니다. "사울이 손에 단창을 가지고 그의 집에 앉았을 때에 **여호와께서 부리시는 악령이 사울에게 접근하였으므로** 다윗이 손으로 수금을 탈 때에"(삼상 19:9). 즉, 사울이 자기 스스로를 절제하지 못한 이유가 무엇입니까? 절제는 하나님 안에서 이루어지는 것이고, 하나님으로부터 오는 것인데, 이미 사울은 하나님의 영역에서 이탈해 있었기 때문입니다. 그러니 악령이 그의 마음을 충동질할 때마다 절제는커녕 그때마다 휘둘리는 것입니다.

3. 절제에 성공해서 위대해진 인물 ― 세례 요한

세례 요한은 당시 사람들에게서 이 시대의 진정한 영성의 인물이라고 추앙받으며, 그야말로 인기가 급상승하던 사람이었습니다. 심지어 "저 사람이 메시아일지도 몰라!"라는 평판을 들을 정도로 당시 세례 요한의 인기와 신뢰도는 대단했습니다. 성도님들, 한번 생각해 보십시오. 요즘으로 치면 어떤 목사님이 아무리 설교를 잘하고, 영성이 깊다 해도 사람들에게 받는 최고의 칭찬이라고는 "그 목사님 설교 정말 잘해" 혹은 "그분 영성이 정말 깊어" 이 정도일 겁니다.

아무리 설교를 잘하고, 영성이 깊은 목사님일지라도 "저 목사님이 메시아일 것 같아" 이런 평가를 받는 사람은 아무도 없습니다. 그런데 세례 요한은 당시 사람들에게 이런 평가를 받았다는 것입니다. 당시 세례 요한이 얼마나 대단했는지, 실감이 좀 되시나요? 그러니 이런 상황에서 세례 요한이 자신의 위치에 맞게 절제하는 일이 쉬웠겠습니까?

그런데요. 세례 요한은 "내가 말한바 나는 그리스도가 아니요 그의 앞에 보내심을 받은 자라고 한 것을 증언할 자는 너희니라 신부를 취하는 자는 신랑이나 서서 신랑의 음성을 듣는 친구가 크게 기뻐하나니 나는 이러한 기쁨으로 충만하였노라"라고 이야기합니다(요 3:28-29).

이게 무슨 말입니까? 자기는 주인공이 아니라는 것입니다. 나는 신랑이 아니라 들러리라는 것입니다. 그리고 그 들러리 역할만으로도 충분히 기쁘다는 것입니다. 그렇다면 세례 요한의 이런 절제가 어디에서 나왔겠습니까? 바로 하나님의 영역 안에 거하는 자들에게 주어지는 힘인 것입니다. 세례 요한은 성령의 사람이었거든요. 그러니 위대해질 수밖에 없었던 것입니다.

나에게 있어서 가장 절제해야 할 것이 있다면 무엇입니까? 그렇다면 어떻게 해야 내 안에 절제의 열매를 맺을 수 있을까요?

스토아학파의 비조 鼻祖인 제논의 제자 중에는 허영이 심하고, 겉치레에만 치중하는 제자가 있었습니다. 그가 늘 절제하지 못한 삶을 살기에 제논은 그를 불러 야단을 쳤습니다. 그런데 그 제자는 "그만한 돈이 있어서 쓰는데 그게 무슨 잘못이 되겠습니까?"라고 반문하였습니다. 그때 제논은 "소금이 많이 있다고 요리사가 요리할 때에 소금을 잔뜩 집어넣어도 맛이 좋단 말이냐?"라고 훈계하였다고 합니다. 절제란 없거나 모자라기 때문이 아니라, 많지만 아끼고 삼가는 것을 의미합니다. 성경은 "믿음에 덕을, 덕에 지식을, 지식에 절제를"이라고 합니다 벧후 1:5-6. 그러므로 절제는 믿음의 성숙한 단계입니다. 절제할 줄 아는 자가 성숙한 신앙인인 것입니다.

13과 _ 절제 II
최후 승리를 위해 가장 중요한 성령의 열매
고린도전서 9장 24-27절

어떻게 해야 내 안에 절제의 열매를 맺을 수 있을까요? 고린도전서 9장 24-27절을 중심으로 살펴봅시다.

1. 우리가 절제하는 삶을 살기 위해서는 하나님께 버림받지 않고, 끝까지 쓰임 받겠다는 비장한 각오가 필요합니다

오늘 본문에서 사도 바울은 인생을 하나의 경주로 비유합니다. 왜냐하면 이 편지를 받는 대상인 고린도는 당시 그리스에 속해 있던 도시인데요. 아테네의 올림픽처럼, 고린도에도 이투미안이라는 유명한 연례 체전이 벌어지고 있었기 때문입니다. 당시 사람들이 자기 평생에 가장 큰 명예로 여기는 것이 바로 이투미안 체전에 선수로 나가는 것이었다라고 합니다. 반대로 이투미안 체전에 나갈 선수 자격을 상실하는 것은 인생 최대의 불명예로 여겼다고 합니다.

그래서 27절 말씀에 보면 "내가 내 몸을 쳐 복종하게 함은 내가 남에게 전파한 후에 자신이 도리어 버림을 당할까 두려워함이로다"라고 기록되어 있습니다. 여기서 '버림'이라는 말은 구원 받았다가 다시 구원받지 못한 상태로 떨어진다는 의미가 아니고요. 주님께 잘 쓰임을 받고 있다가 어떤 문제로 인해 더 이상 주님께 쓰임 받지 못하게 되었다는 것을 의미합니다.

성도님들, 우리나라에서 열렸던 88서울올림픽에서 최고의 이슈가 된 사건이 무엇이었습니까? 육상 100미터 우승자, 벤 존슨의 금지약물 복용 사건이지요. 우승하고 싶은 욕망은 큰데 절제는 못 하니 결국 약물을 복용한 겁니다. 그 덕분에 올림픽 금메달 및 세계 신기록뿐만 아니라 앞서 수상했던 세계선수권 금메달, 세계 실내선수권 금메달 그리고 가장 중요한 선수 자격까지 모조리 다 박탈됩니다.

그러자 그날 아침, 캐나다의 CBC 방송국은 뉴스 시간에 이렇게 보도합니다. "오늘은 100미터 세계 신기록 보유자인 우리의 국가적 영웅 벤 존슨이 약물 복용으로 선수 자격을 상실하고, 그 모든 기록이 취소된 날입니다. 이것은 우리나라의 수치입니다." 그러므로 이런 박탈과 수치를 당하지 않으려면, 그러니까 하나님께 버림받지 않고, 끝까지 쓰임 받는 인생을 살고 싶다면 내가 내 몸을 쳐 복종하게 한다는 절제의 비장한 각오가 반드시 필요한 것입니다.

2. 우리가 절제하는 삶을 살기 위해서는 분명하고 정확한 목표가 있는 삶을 열망해야 합니다

사도 바울은 오늘 말씀을 통해 두 가지 종목의 경기를 연상시킵니다.

1) 우선 24절 말씀에서는 "운동장에서 달음질하는 자들"이라는 표현으로 육상 경기를 연상시키고,

2) 또 26절 말씀에서는 "싸우기를 허공을 치는 것 같이 아니하며"라는 표현으로 권투 경기를 연상시킵니다.

먼저 육상 경기에 참가한 선수들은 출발 신호를 듣고서 정말 사력을 다해 달립니다. 어디를 향해서요? 결승선이지요. 골인 지점을 향해서 달립니다. 그런데 어떤 선수가 엄청난 속도로 땀을 뻘뻘 흘리며 최선을 다해서 뛰어가고 있는데, 그 방향이 결승선 반대 방향이라면 그 선수가 아무리 빨리 달린다고 한들 무슨 소용이 있겠습니까?

또 권투 경기를 하는 복서가 바람 소리가 '붕붕' 나는 무시무시한 펀치를 아주 빠르게 휘두르고 있는데, 허공만 때리고 있다고 해 봅시다. 이 선수의 그 무시무시한 펀치는 아무 소용없는 것이지요. 그러므로 분명하고 올바른 목표가 있어야 하는 겁니다. 그렇다면 목표와 절제가 대체 무슨 상관이 있느냐? 그다음 세 번째를 보시면 압니다.

3. 우리가 절제의 삶을 살기 위해서 마지막으로 필요한 것은 상급을 열망하는 삶입니다

여기서 말하는 상급은 바로 승리입니다. 그래서 25절 말씀에서 사도 바울은 이렇게 이야기하지요. "이기기를 다투는 자마다 모든 일에 절제하나니." 여기서 '다툰다'라는 말은요. "모든 에너지를 쏟아붓는다"

라는 말입니다. 즉, 승리하기 위해 전력투구하는 모습을 말하는 것입니다. 그러니 이런 사람은 모든 일에, 삶의 모든 영역에서 절제를 할 수밖에 없는 것입니다.

올림픽 선수촌에 있는 선수들을 보면 승리를 위해 자신의 뼈와 살을 깎는 노력을 하잖아요. 그렇게 격한 훈련을 견뎌 내면서도 체중 조절을 위해서 먹는 것도 절제합니다. 그런 모습을 볼 때마다 저 나이에 다른 친구들은 강남이나 홍대에 가서 놀면서 자기 하고 싶은 대로 즐기며 사는데, '왜 저 친구들은 저렇게 살아야 하는 거지?' 하는 안쓰러운 마음이 듭니다.

하지만 이들이 자기가 하고 싶은 것들도 다 포기하고, 그렇게 힘든 훈련을 감당하며, 심지어 체중 조절의 고통까지도 흔쾌히 감내하는 이유가 무엇 때문입니까? 오로지 승리라는 목표 때문입니다.

성도님들, 당시 고린도에서 벌어지고 있었던 이투미안 체전에서도 우승자에게는 월계관을 씌워주는 전통이 있었습니다. 그런데 시간이 지나면 월계수는 시들어 버리잖아요. 그래서 사도 바울은 우승자에게 주어지는 월계수 면류관을 보면서 이런 생각을 하게 됩니다. '결국에는 시들어 썩어질 저 면류관을 위해서도 저 사람들은 모든 면에서 얼마나 많은 유혹의 욕망을 절제하며 애쓰는가?' 그런데 하물며 썩지 아니할 면류관을 위해 일하는 하나님의 사람들에게는 얼마나 많은 절제가 필요할까? 그래서 사도 바울은 25절에서 이렇게 말합니다.

이기기를 다루는 자마다 모든 일에 절제하나니 그들은 썩을 승리자의 관을 얻고자 하되 우리는 썩지 아니할 것을 얻고자 하노라.

그러므로 성도님들 절제의 결정적 이유는 그날에 얻게 될 승리와 영광과 기쁨 때문입니다. 그리고 그리스도인들이 절제하는 가장 결정적인 이유는 그날에 얻게 될 썩지 아니할 면류관, 썩지 않고 영원할 승리와 영광과 기쁨 때문인 것입니다.

나눔

　나는 최후에 얻게 될 승리의 영광을 위해서 지금 무엇을 절제하며
살아야 할까요?

Part 2

/

엘리야

― 엘리야를 통해 배우는
기도 응답의 비결

14과

알게 하옵소서 I

신명기 29장 29절

어느 날, 무디 목사님께서 사역하시던 교회의 교인 한 분이 엄청나게 큰 땅을 사들여서 거기다 양조장을 크게 짓고, 드디어 개업 예배를 드리게 되었다고 합니다. 그러면서 양조장 사업이 잘되게 해 달라고 빌기 위해 무디 목사님에게 개업 예배를 드려 달라고 부탁했다고 합니다. 그리고 개업 예배를 드리는 날이 왔습니다. 무디 목사님께서 축복기도를 하기 위해 두 손을 높이 드시고는 이렇게 기도를 시작하셨습니다. "하나님 아버지, 이 양조장이 오늘 예배를 드리고 나면 내일부터 문을 열게 될 것입니다. 그러므로 이 양조장의 문이 열리지 않게 하여 주시옵소서."

이 양조장 문이 열리면 엄청난 술이 생산될 것입니다. 그러면 수많은 청소년이 이 술을 마시고 타락할 것입니다. 또 수많은 사람이 이 술을 마시고 취하여 제정신이 아닐 것입니다. "오, 하나님~ 제발 오늘 밤, 이 양조장 주인의 마음을 감동시켜 주셔서 이 양조장의 문이 내일, 열리지 않게 하여 주시옵소서" 그랬더니 그 양조장의 개업을 축하하러 온 사람이 당황해서 다 돌아가 버렸답니다. 그리고 양조장 주인은 밤새 고민을 합니다. 과연 자신이 하는 일이 하나님의 뜻인가를 그제야 고민하기 시작한 것이지요. 그래서 밤새도록 한숨도 잘 수가 없었다고 합니다.

그리고 어떻게 되었을까요? 이 양조장 주인은 이 양조장을 여는 것은 하나님께서 원하시는 것이 아니라는 결론을 내렸습니다. 그리고 이 양조장을 위해 산 땅과 지은 건물, 이 모든 것을 하나님께 바칩니다. 그래서 양조장이 세워질 뻔한 그 터 위에 지금은 무디신학교가 세워졌다고 합니다.

성도님들, 사실 이런 이야기는 옳고 그름이 분명합니다. ① 무엇이 하나님의 뜻이고, ② 무엇이 그렇지 않은 것인지 흑과 백처럼 아주 명확합니다. 그런데 문제는 하나님의 뜻이 이렇게 흑과 백처럼 명확히 구분되는 것이 아닐 경우이지요. 예를 들어 다른 곳으로 이사를 가야 하나? 아니면 그냥 지금 집에 살아야 하나? 사업을 하고 싶은데 세탁소를 개업해야 하나? 아니면 식당을 개업해야 하나? 직장을 옮겨야 하나? 아니면 그냥 머물러 있어야 하나? 어느 쪽인지 확실히 알 수 있다면 좋겠는데, 이런 것들은 흑과 백처럼 분명하지가 않습니다. 그런데 문제는 이런 것들이 우리 인생에 훨씬 더 많고, 훨씬 더 심각한 고민을 하게 만든다는 것입니다.

1. 오늘은 엘리야의 이야기로 들어가기에 앞서, 하나님의 뜻을 찾는 법을 살펴봅시다

신명기 29장 29절 말씀을 보시면 "감추어진 일은 우리 하나님 여호와께 속하였거니와 나타난 일은 영원히 우리와 우리 자손에게 속하였나니 이는 우리에게 이 율법의 모든 말씀을 행하게 하심이니라"고 합니다.

어렵죠? 이 말씀을 새번역성경으로 보면 그 의미가 좀 더 명확해집니다. ① 이 세상에는 주 우리의 하나님이 숨기시기 때문에 알 수 없는 일도 많습니다. 그것은 주님의 것입니다. ② 그러나 하나님은 그의 뜻이 담긴 율법을 밝히 나타내 주셨으니, 이것은 우리의 것입니다. 우리와 우리의 자손은 길이길이 이 율법의 모든 말씀에 순종해야 합니다.

2. 이 말씀을 자세히 보시면 하나님의 뜻에는 두 가지가 있다고 합니다

하나님의 것과 우리의 것입니다.

1) 우리의 것 — 하나님의 말씀을 통해 알려주시는 것입니다

신명기 29장 29절 말씀 하반절을 보면 "그러나 하나님은 그의 뜻이 담긴 율법을 밝히 나타내 주셨으니, 이것은 우리의 것입니다.

우리와 우리의 자손은 길이길이 이 율법의 모든 말씀에 순종해야 합니다"라고 합니다. 여기서 율법이라고 쓰인 것을 말씀으로 바꿔서 보시면 딱 알게 됩니다. "하나님께서 그의 뜻이 담긴 말씀을 밝히 나타내 주셨으니 이것은 우리의 것입니다"가 되지요. 그러니까 하나님께서는 자신의 뜻에 대해 이미 우리에게 주신 말씀 속에 다 담아 놓으셨다는 것입니다. 이것은 우리의 것입니다. 그러니까 당연히 우리는 이 말씀을 알아야 하는 것이지요.

그런데 하나님께서 이미 자신의 뜻을 담아 주신 이 말씀에는 관심을 가지지 않는다면 어떻게 되겠습니까? 예를 들어 만약 어떤 남자와 여자가 서로 사랑을 한다고 칩시다. 그런데 아직 서로 마음만 있지, 고백은 하지 못한 상태입니다. 그런데 이 남자가 좀 부끄러움을 많이 타는 성격이다 보니 직접 말로 하기는 그래서 이 여자에게 자신이 그녀를 얼마나 사랑하는지, 심지어 자기 목숨마저 바칠 수 있을 만큼 사랑한다고, 그런 사랑에 대한 내용을 장문의 편지로 정성껏 써서 보냈습니다. 그런데 이 여자가 그 남자가 보내준 편지는 펼쳐보지도 않은 채, '이 남자가 나를 사랑하는 걸까? 사랑하지 않는 걸까?' 이걸 밤새도록 고민하고 있다면 이 얼마나 답답한 노릇입니까? 그러니 우리에게 주신 하나님의 말씀을 통해 우리는 하나님의 뜻을 알 수 있는 것입니다.

2) 하나님의 것 ― 하나님의 뜻에는 우리에게 숨기시는 것도 있습니다

신명기 29장 29절 말씀 상반절을 보시면 "이 세상에는 주 우리의 하나님이 숨기시기 때문에 알 수 없는 일도 많습니다. 그것은 주님의 것입니다"라고 말씀합니다. 즉, 하나님의 뜻에는 하나님께서 숨기시는 일, 그래서 우리가 알 수 없는 일도 있다는 것입니다. 이러한 하나님의 뜻은 오직 하나님만이 아시는 일이고, 오로지 하나님의 주권에 속한 일인 것이지요. 이때는 방법이 없습니다. 오직 하나님의 선하신 뜻이 이루어질 것을 기다릴 수밖에 없는 것이지요. 이때는 답답하다고 조급해지면 안 되는 것입니다.

나눔

하나님의 뜻에는 우리의 것과 하나님의 것이 있음을 알게 되었습니
다. 그렇다면 나는 하나님의 뜻을 알기 위해 어떤 노력을 해야 할까요?

저도 들은 이야기인데요. 어떤 분이 하나님의 뜻을 모르다 보니, 너무나 답답했답니다. 중요한 결정을 당장 내려야 해서 고민 고민을 하다가 답답해서 도저히 안 되겠다 싶었는지 마침 운전 중이시라 이렇게 기도하셨답니다. "주님! 지금 제가 하려는 일이 주님의 뜻이 맞습니까? 그렇다면 다음번 사거리에 도착할 때 신호등이 파란불이 되면 주님의 뜻으로 알고, 빨간불이 되면 주님의 뜻이 아닌 것으로 알겠습니다."

성도님들, 신호등의 파란불, 빨간불이 주님의 뜻이 무슨 상관이 있습니까? 심지어 어떤 분들은 성경을 확 펴서 손가락으로 아무 구절이나 딱 집어서 그때 눈에 딱 들어오는 말씀을 두고 하나님의 응답인 줄 믿겠다고 하시는 분도 계신답니다. 그러다가 신·구약 중간에 있는 아무것도 안 써진 하얀 종이가 나오면 '오늘은 하나님께서 내게 아무 말씀도 안 하시는구나'라고 할 건가요? 혹은 "네가 오늘 정녕 죽으리라", 뭐 이런 말씀이 나오면… 그때는 또 안 믿으려고 하겠지요.

그러니 이렇게 하면 과연 점치는 것과 무엇이 다릅니까? 무당들이 하는 것처럼 대나무 통 속에 점괘가 써진 젓가락 같은 거 넣어놓고 막 흔들어서 뽑는 것과 다를 바가 없는 거죠. 그러므로 하나님의 뜻을 알기 위해 우리는 말씀을 가까이하든지, 아니면 참고 기다리든지, 둘 중 하나를 해야 하는 것입니다.

알게 하옵소서 II

열왕기상 18장 36-38절

지난주에 이어 우리도 하나님의 뜻을 알고 싶지요. 하지만 하나님의 주권에 속한 영역의 것은 우리가 알 수 없기 때문에 이런 것들이 내 삶 속에서 진행될 때는 너무나도 답답한 것이 사실입니다. 엘리야도 그랬던 것 같습니다.

엘리야의 기도 – 알게 하옵소서

엘리야가 갈멜산에서 한 기도를 보십시오. "아브라함과 이삭과 이스라엘의 하나님 여호와여 주께서 이스라엘 중에서 하나님이신 것과 내가 주의 종인 것과 내가 주의 말씀대로 이 모든 일을 행하는 것을 오늘 **알게** 하옵소서. 여호와여 내게 응답하옵소서 내게 응답하옵소서 이 백성에게 주 여호와는 하나님이신 것과 주는 그들의 마음을 되돌이키심을 알게 하옵소서"(왕상 18:36-37).

① 지금 바알과 아세라는 우상이 온 나라에 판을 칩니다. ②

왕도, 왕비도 다 바알과 아세라 신봉자들입니다. ③ 그러니 하나님 잘 믿던 백성들도 이제는 다 바알과 아세라를 따라갑니다. ④ 게다가 신앙에 대한 핍박은 얼마나 심한지 눈에 보이는 선지자라고는 결국 자기 혼자뿐입니다. 그래서 지금 갈멜산에서 사람들을 모아 놓고 하늘에서 불이 떨어지는 시합을 하며 누가 진짜 신인지 겨루어보기를 하고 있는 중입니다. 그러니 하나님은 보이지도 않는데, 누구 하나 도와줄 사람은 없고, 고군분투하고 있으니 엘리야 입장에서는 얼마나 답답했겠습니까?

그런데 이 순간 엘리야가 하는 이 기도를 한 번 보십시오. 무슨 말이 가장 많습니까? "알게 하옵소서"입니다. 이 기도를 자세히 보면요. 기도를 마무리 짓는 문장의 종결어마다 "알게 하옵소서"로 끝이 난다는 것을 볼 수 있습니다. 즉, 이 기도는 알게 해 달라는 기도인 것입니다.

① 여호와 하나님이 이스라엘의 하나님이신 것을 제발 좀 알게 해 주십시오. ② 제가 주님의 종인 것을 제발 좀 알게 해 주십시오. ③ 하나님의 말씀대로 이 모든 일을 행해진다는 것을 제발 좀 알게 해 주십시오. ④ 이 백성들의 마음을 돌이키시는 분은 하나님뿐이라는 것을 제발 좀 알게 해 주십시오.

얼마나 답답했는지, 제발 좀 알게 해 달라고 그렇게 기도를 하고 있는 것입니다.

2. 기도의 기본 – 신뢰

하지만 성도님들, 여기서 우리가 알아야 할 것은 엘리야가 알게 해 달라고 부르짖는 기도는 의심에 가득 찬 불만의 토로가 아니라는 것입니다. 이 기도는 ① 하나님께서는 여전히 살아계신 것을 믿고, ② 비록 지금 눈에 보이지 않지만, 반드시 역사해 주실 것임을 믿는 신뢰의 기도였다는 것입니다. 그러자 하나님께서는 그 즉시로, 하늘에서 불을 내리심으로 정말 확실히 알게 해주시는 것입니다. 그러므로 모든 의심과 걱정과 번민과 불안과 답답함 이런 것들을 일시에 잠재워 버리는 것입니다. 그것은 바로 하나님을 향한 신뢰가 담긴 기도인 것입니다.

나눔

    결국 엘리야와 우리의 차이는 ① 하나님의 뜻을 찾기 어려운 상황 속에서도 신뢰하느냐? ② 아니면 의심하고, 걱정하고, 불평하느냐? 이 차이입니다. 그러면 나는 이제부터 하나님을 향한 신뢰를 회복하기 위해 어떤 자세로 기도해야 할까요? 이에 대해 도움이 될 만한 좋은 글을 하나 소개합니다. 기독교의 고전이자 명저, 토마스 아 켐피스가 쓴 『그리스도를 본받아』라는 책에 보면 올바른 기도에 대해서 이렇게 말하고 있습니다.

> 오 주여 당신은 무엇이 최선인지 아십니다.
> 모든 일을 당신의 뜻대로 이루소서.
> 당신이 선택한 것을, 당신이 선택한 양만큼, 당신이 선택한 순간에 주 옵소서.
> 당신이 원하는 곳에 나를 두시고 적당하다고 생각하는 대로 나를 다루소서.
> 나는 당신의 손안에 있습니다.
> 당신의 뜻대로 인도하소서.
> 나는 무슨 일이든 준비된 당신의 종입니다.
> 나 자신이 아니라 당신만을 위해서 살기 원합니다.

    성도님들, 토마스 아 켐피스의 올바른 기도에서도 알 수 있지만, 하나님을 제대로 믿는 사람들의 궁극적인 목표는 ① 내 뜻의 관철이 아닙니다. ② 하나님의 뜻을 이루어지는 것이지요.

　　1800년대, 영국의 판타지 동화 작가이자 시인이며, 훗날 목사님이 되시는 조지 맥도널드라는 분이 계십니다. 이분이 젊은 날, 굉장히 심오한 철학적 질문에 빠져 고민을 많이 했다고 합니다. 그러다 성경을 읽게 되었는데요. 이분이 성경 안에서 세 가지 사실을 찾아내고, 그것을 노트에 옮겨 두고선 평생 자기 신조로 삼았다고 하는데요. 그분이 성경을 보며 찾아낸 세 가지가 바로 이것입니다. "첫째, 하나님의 뜻만을 따라 사는 것이 사람의 의무이다. 둘째, 이러한 사람을 지켜주는 것이 하나님의 의무이다. 셋째, 그러므로 이제는 아무것도 두려울 것이 없다."

　　성도님들, 우리가 왈가왈부할 수 있는 영역 자체가 아닌 하나님께서 우리의 눈을 가려 놓으신 하나님 주권적 영역에 대해서는 그저 믿고 맡기는 수밖에 없는 것이지요.

　　다만 ① 하나님께서는 반드시 사랑과 공의로 판단하실 것이라는 것을 믿고, ② 또 하나님께서는 나를 가장 올바르고 좋은 길로 인도하실 것이라는 것을 믿고 신뢰함으로 끝까지 맡기는 수밖에 없는 것입니다. 이것이 우리의 의무입니다. 그러면 이러한 신뢰의 사람에게 엘리야에게 하신 것처럼 응답하시는 것이 하나님의 의무입니다.

16과

저녁 소제 드릴 때에 I

열왕기상 18장 36-38절

제가 어린 시절에는 특별히 놀 만한 것들이 많지 않았습니다. 게다가 시골 출신이니 더 그랬죠. 그래서 평소에는 술래잡기, 다방구 같이 특별한 도구가 필요 없고, 그냥 무작정 뛰어다니기만 하면 되는 것을 많이 하고 놀았습니다. 제 기억이 확실한지는 모르겠는데요. 그때는 TV도 낮 12시부터 오후 5시까지는 방송조정 화면 밖에는 안 나왔었죠. 그래서 연휴가 되면 너무너무 좋았습니다. 왜냐하면 TV에서 재미있는 것들을 하루 종일 방송해 주었거든요.

그 시절 가장 재미있게 봤던 것은 이소룡, 성룡 이런 배우들이 나오는 홍콩 무술 영화들이었습니다. 신기한 건 그 영화들마다 우리 편은 다 어디 갔는지, 주인공 혼자서 수많은 적을 상대한다는 겁니다. 성룡 같은 경우는 막 요리조리 피해가면서 기가 막히게 잘 싸우고, 이소룡 같은 경우는 강력한 한 방으로 상대가 나가떨어지게 만들죠.

그런데 성경에 보면 이소룡이나 성룡과는 비교도 안 될 만큼 수많은 상대를 혈혈단신, 혼자서 물리친 사람이 등장합니다. 바알 선지자

450명, 아세라 선지자 400명 합이 850 대 1로 싸워 이긴 사람, 바로 엘리야입니다.

1. 이상한 시간의 기록

850 대 1, 양측이 어느 신이 하늘에서 불을 내려 제단의 제물을 태울 것인가? 즉, 어느 신이 진짜인가를 두고 대결을 한 것입니다. 선공은 바알과 아세라 선지자들부터 합니다. 그런데 이 대결의 흐름 중에서 좀 특이하게 기록된 것이 있습니다. 바로 시간입니다. ① 먼저 이 대결의 시작은 아침이라고 합니다(왕상 18:26). ② 그리고 엘리야가 너희 신은 아직도 대답이 없냐며 바알과 아세라 선지자들을 비꼬기 시작한 시간이 정오였다고 합니다(왕상 18:28). ③ 그렇게 하루 종일 지나도 바알과 아세라 측에서 아무런 반응이 없자 드디어 엘리야가 등장을 하는데요. 그러면 아침, 정오라는 기록의 흐름으로 봐서 이 시간도 역시 저녁이라 써야 맞겠죠? 그런데 엘리야가 등장하는 시간 만큼은 참 특별하게 기록해 두었습니다. 바로 저녁 소제 드릴 때입니다(왕상 18:36).

2. 저녁 소제 드릴 때의 특별함

1) 신약성경에서는 시간에 대해 보통 '제3시, 제6시', 이런 식으로 기록합니다. 지금의 시간으로 바꾸려면 저기다 6시간을 더하면 됩니다. 하지만 구약성경에서는 그렇지 않습니다. 초창기에는 특별한 시

간 측정법이 없어서인지 그저 '동이 틀 때, 해가 질 무렵', 이런 식으로
시간을 표현할 뿐입니다. 그나마 후대에 와서 '아침, 점심, 저녁, 밤',
이렇게 기록을 했습니다.

그러니 시간을 표시할 때 제사의 이름 같은 것은 굳이 넣지 않는다
는 것입니다. 실제로 저녁 소제 드릴 때라는 이 표현은 구약성경에서
여기에 처음으로 쓰였습니다(이후 에스라 9:5, 다니엘 9:21에 두 곳에서만
나옴).

2) 게다가 이곳, 갈멜산은 북 이스라엘입니다. 즉, 소제가 진행되
는 성전은 남 유다, 예루살렘에 있으니 사실 공간적으로도 아무런
관련이 없는 것입니다.

3) 또 출애굽기 29장 41절에 보면 저녁에 드리는 제사가 소제만
있는 것도 아닙니다. 포도주와 독주를 다른 제물과 함께 부어드리는
전제도 있습니다. 그러니까 저녁 소제 드릴 때라는 표현은 절대 그냥
시간만을 알려주는 표현이 아니라는 것입니다.

3. 그렇다면 왜 하필 저녁이란 말 뒤에 소제라는 말이 따라붙었을까요?

소제는 레위기의 5대 제사(번제, 소제, 속건제, 속죄제, 화목제) 중 유일하
게 짐승의 피와 생명이 아닌 곡물을 드리는 제사였습니다. 그러므로
소제는 농사에 관련된 제사인 것이지요. 소제는 하나님께서 좋은

일기도 주셨고, 때를 따라 적절한 비도 내려주셨으며, 홍수나 가뭄과 같은 재난도 막아주셨기 때문에 이렇게 얻게 된 소산물을 하나님께 감사함으로 드리는 것이었습니다. 그러므로 소제는 내게 주신 이 모든 소산물을 주신 분은 하나님이시라는 하나님의 전적인 주권을 인정하는 예배였습니다.

그런데 바알과 아세라가 바로 이 부분에서 하나님과 상충되었습니다. 왜냐하면 사람들은 바알과 아세라를 농사와 소득과 다산을 주관하는 비의 신과 풍요의 신으로 믿고 있었기 때문입니다. 그러므로 저녁 소제 드릴 때라는 고작 일곱 글자밖에 안 되는 이 짧은 한마디에는 ① 여호와가 너희의 모든 소득과 풍요를 주관하는 하나님이다, ② 여호와는 햇빛과 비와 바람뿐만 아니라 이 세상의 모든 것을 주관하는 전능자라는 이런 엄청난 뜻이 담겨 있다는 것입니다. 바로 하나님의 절대주권을 드러낸 것입니다.

그렇기에 농사의 신, 풍요의 신이라 믿어왔던 바알과 아세라와의 대결에서 굳이 농사의 결과물을 제물로 드리는 소제의 시간을 선택하신 것입니다. 이것은 ① 여호와 하나님만이 진짜 하나님이시고, ② 여호와 하나님만이 이 세상 모든 것을 주관하시는 절대주권의 하나님 이심을 확실하게 보여주고자 하셨던 것입니다.

1) 하나님께서 내 모든 소득과 풍요를 주관하시는 분이심을 진실로 믿습니까?

2) 솔직히 내 안에 바알과 아세라처럼 풍요와 소득을 위해 자리 잡고 있는 또 다른 신 혹은 다른 신과 같은 존재는 없습니까?

마태복음 6장 24-34절, 새번역성경으로 묵상해 봅시다.

24아무도 두 주인을 섬기지 못한다. 한쪽을 미워하고 다른 쪽을 사랑하거나, 한쪽을 중히 여기고 다른 쪽을 업신여길 것이다. 너희는 하나님과 재물을 아울러 섬길 수 없다.

25그러므로 내가 너희에게 말한다. 목숨을 부지하려고 무엇을 먹을까 또는 무엇을 마실까 걱정하지 말고, 몸을 감싸려고 무엇을 입을까 걱정하지 말아라. 목숨이 음식보다 소중하지 아니하냐? 몸이 옷보다 소중하지 아니하냐?

26공중의 새를 보아라. 씨를 뿌리지도 않고, 거두지도 않고, 곳간에 모아들이지도 않으나, 너희의 하늘 아버지께서 그것들을 먹이신다. 너희는 새보다 귀하지 아니하냐?

27너희 가운데서 누가, 걱정을 해서, 자기 수명을 한 순간인들 늘일 수 있느냐?

28어찌하여 너희는 옷 걱정을 하느냐? 들의 백합화가 어떻게 자라는가 살펴보아라. 수고도 하지 않고, 길쌈도 하지 않는다.

29그러나 내가 너희에게 말한다. 온갖 영화로 차려 입은 솔로몬도 이 꽃 하나와 같이 잘 입지는 못하였다.

30오늘 있다가 내일 아궁이에 들어갈 들풀도 하나님께서 이와 같이 입히시거든, 하물며 너희들을 입히시지 않겠느냐? 믿음이 적은 사람들아!

31그러므로 무엇을 먹을까, 무엇을 마실까, 무엇을 입을까, 하고 걱정하지 말아라.

32이 모든 것은 모두 이방사람들이 구하는 것이요, 너희의 하늘 아버지께서는, 이 모든 것이 너희에게 필요하다는 것을 아신다.

33너희는 먼저 하나님의 나라와 하나님의 의를 구하여라. 그리하면 이 모든 것을 너희에게 더하여 주실 것이다.

34그러므로 내일 일을 걱정하지 말아라. 내일 걱정은 내일이 맡아서 할 것이다. 한 날의 피로움은 그 날에 겪는 것으로 족하다.

17과
저녁 소제 드릴 때에 II
열왕기상 18장 36-38절

1. 장소의 특별함

지난주는 시간의 특별함을 보았는데요. 이번 주는 장소의 특별함을 보려 합니다. "한 어린 양은 저녁 때에 드리되 아침에 한 것처럼 소제와 전제를 그것과 함께 드려 향기로운 냄새가 되게 하여 여호와께 화제로 삼을지니 이는 너희가 대대로 여호와 앞 회막 문에서 늘 드릴 번제라 내가 거기서 너희와 만나고 네게 말하리라"(출 29:41-42).

이 말씀에 의거해서 모세 때에는 매일같이 회막 문 앞에서, 예루살렘 성전이 생긴 이후로는 매일같이 성전에서, 이렇게 매일 저녁마다 제사를 드렸습니다. 그러면 하나님께서는 "내가 거기서 너희와 만나고 네게 말하리라"고 말씀하셨던 것이죠. 그런데 오늘 본문에 보니 이 저녁 소제의 시간에 하나님의 영광이, 하나님의 능력이, 하나님의 역사가 어디에서 일어났다고 합니까? 지금 이 시간에 소제가 드려지고 있는 예루살렘 성전이 아니라, 갈멜산이라는 것입니다.

2. 왜 갈멜산이었을까?

지금 하나님의 역사가 일어난 갈멜산은요. ① 북이스라엘에 위치해 있습니다. 그러니까 남유다, 예루살렘에 위치한 성전과는 아무런 상관이 없단 말입니다. ② 거기다 갈멜산이 무슨 특별한 장소냐고요? 아닙니다. 성경에서 갈멜산은 뭐 하나 특별하게 여겨진 것도 없는 곳입니다. 그런데 너무나 놀랍게도 이 저녁 소제의 시간에 하나님의 영광과 능력은 그 크고 화려한 예루살렘 성전이 아니라 정말 보잘것없는 바로 이곳, 갈멜산에 임했다는 것입니다.

그렇다면 하나님께서 왜 성전이 아닌 갈멜산에 임하셨을까요? 그 이유는 단 하나, 갈멜산에 엘리야가 있었기 때문입니다. 무슨 말이냐? 하나님께서는 장소가 아닌 사람을 진짜 성전으로 여기신다는 것입니다. "너희는 너희가 하나님의 성전인 것과 하나님의 성령이 너희 안에 계시는 것을 알지 못하느냐"(고전 3:16).

그러므로 내 삶에서 하나님의 영광이 임하시기 위해, 하나님의 능력이 나타나기 위해, 하나님의 역사가 일어나기 위해 가장 중요한 조건이 무엇입니까? 바로 나 자신입니다.

3. 무엇이 중요한가요?

최근 온라인 예배 때문에 한창 논란이 있었지요. ① 누군가는 교회에서 예배드리는 것을 목숨을 걸고 사수해야 한다고 했고, ② 또 다른 누군가는 하나님은 어디에나 계시니 어디서든 예배만 드리면 된다고 주장했습니다. 그런데 이 논쟁에는 핵심이 빠져 있습니다. 무슨 말이냐? 우리 주님께서는 예배드리는 '장소'가 아니라, 예배드리는 사람이 "영과 진리로 참되게 예배하느냐?" 이것을 중요하게 여기시거든요.

그러므로 진짜 중요한 것은 과연 내가 하나님 앞에서 숨김없이, 진정으로, 하나님 보시기에 참된 예배자냐는 것이죠. 여기에 대한 고민은 빠지고, 그저 장소만 가지고 격하게 논쟁하는 모습이 얼마나 안타까운지 모르겠습니다.

나눔

　그렇다면 나의 예배에는 갈멜산의 엘리야와 같은 간절한 심정이
있습니까? 나는 하나님 보시기에 영과 진리로 예배드리는 사람이
맞습니까?

　　우리 성도님들께 질문 두 개만 하겠습니다. ① 우리 성도님들의 예배 시간은 언제입니까? 주일 아침 7시, 9시, 11시 중 하나입니까? ② 우리 성도님들의 예배 장소는 어디입니까? 시흥교회입니까? 죄송하지만 틀렸습니다. 정답은 "항상 그리고 어디서나"입니다. 하나님께서는 무소부재 하신 하나님이십니다. 즉, 시간과 장소에 상관없이 언제, 어느 곳에서나 계시다는 것입니다. 그러므로 하나님께서 시간과 장소에 상관없이 나와도 항상 함께하시는 분이십니다.

　　어느 장소, 어느 시간과 상관없이 우리의 삶 전부가 항상 예배의 자리이고, 예배의 시간이라는 것입니다. 문제는 이런 것들을 수십 년 동안, 수백 번씩 들어서 다 알고는 있지만 우리의 마음속에서 돌처럼 딱딱한 관념화가 되어버렸다는 것이지요. 즉, 알고는 있지만, 죽은 진리요, 살아 역사하지 않는 진리가 되어 버렸다는 것입니다. 그러므로 돌처럼 딱딱한 관념을 깨시고, 죽은 진리를 다시 살리시어 삶의 모든 자리에서 하나님의 임재를 경험하는 예배를 드리시기를 바랍니다.

18과

인간의 간사함

열왕기상 18장 21절

다신론이 유행했던 고대 그리스 시대에는 사람들이 이렇게 기도했다고 합니다. ① 배를 타고 항해를 나갈 때는 바다의 신 포세이돈에게 기도를 드리고, ② 전쟁을 하러 나갈 때는 전쟁의 신 아레스에게 기도를 드리고 이렇게 자기 필요에 따라 신에게 기도를 하고, 심지어 자기가 필요한 신에게 헌금까지 하면서 그 신의 힘을 이용하려고 했지요. 그러니 신을 섬긴다고 하면서 사실은 신을 자기 종 부리듯 이용해 먹은 것입니다.

1. 묵묵부답

여호와 하나님 대 바알과 아세라, 엘리야 대 바알과 아세라 선지자들 1 대 850, 이 대결을 보려고 수많은 이스라엘 사람이 갈멜산으로 몰려왔습니다. 그러자 이 대결이 시작되기 직전, 엘리야가 구경하러 와 있는 백성들에게 이렇게 요청합니다. "엘리야가 모든 백성에게

가까이 나아가 이르되 너희가 어느 때까지 둘 사이에서 머뭇머뭇하려
느냐 여호와가 만일 하나님이면 그를 따르고 바알이 만일 하나님이면
그를 따를지니라 하니 백성이 말 한마디도 대답하지 아니하는지라"
(왕상 18:21).

그러니까 대결이 시작되기 전 여호와와 바알, 여호와와 아세라
둘 중에 누가 진짜 하나님인지 지금 결정하라는 것입니다. 그런데
백성들의 반응이 어떻다고요? 한마디도 대답하지 않았다고 합니다.

2. 인간의 간사함

이 백성들이 왜 한 마디도 대답하지 않은 줄 아십니까? 둘 다
필요했기 때문입니다. 이스라엘 백성들은

1) 바알과 아세라가 그들의 농사과 풍요와 성공을 위해 꼭 필요한
하나님이라고 믿었습니다.

2) 그러면 여호와 하나님은 버렸느냐?

놀랍게도 그렇지 않았습니다. 이스라엘 백성들은 여호와께서는
전쟁에 능하신 하나님이라고 믿었습니다. 그러니 전쟁할 때 필요한
하나님을 절대 버릴 수는 없었습니다. 특히나 그들이 처해 있는 지리
적 환경 탓에 그곳은 항상 전쟁의 위험이 도사리고 있었기 때문이지요.
그러다 보니 이럴 때는 이런 하나님이 필요하고, 저런 때는 저런

하나님이 필요했던 겁니다. 그러니 지금 한마디도 대답을 못 하고
그저 둘 사이에서 머뭇머뭇하는 것입니다. 정말 한심하기 짝이 없지
않습니까? 이것이 인간의 간사함이지요. 필요할 때마다, 필요에 맞춰,
필요한 하나님을 꺼내 쓰고 싶거든요.

　　그렇다면 우리 성도님들이 믿기 원하는 하나님은 과연 어떤 얼굴을 가지신 하나님이십니까?

　　1) 내가 풍요로움과 부요함을 원하고, 성공을 바라고, 그래서 평안하게 잘 사는 것을 원할 때(물론 이런 것들이 축복이 되기도 하지만, 여기서 말하는 것은 욕심과 욕망이 눈을 가리어 이것을 위해 하나님을 이용할 때), 그때 우리가 바라는 하나님은 마치 바알과 아세라의 얼굴을 한 하나님 아닙니까?

　　2) 그러다 내가 힘들고, 어려워지면, 또 그때는 나를 도우시고 건져 내시며, 이 모든 문제를 해결하시는 힘 있고 능하신 여호와 하나님을 바라지 않습니까? 그러니 이 간사한 이스라엘 백성들처럼 그때그때 우리가 믿고 싶은 하나님의 모습을 내가 선택하고 있는 것은 아니냐는 것입니다.

　　① 바알이 필요한 순간에는 하나님의 얼굴이 바알이 되기를 원하고, ② 아세라가 필요한 순간에는 하나님의 얼굴이 아세라가 되기를 원하다가, ③ 진짜 하나님이 필요하면 그때서야 저기 감추어 놓았던 하나님을 끄집어내는 것처럼 그냥 나의 필요를 위해 그때그때 내가 필요한 하나님을 선택하는 것은 아닌지요?

〈죽은 시인의 사회〉라는 영화로 데뷔해서 최근 들어 각종 비평가 협회의 남우주연상을 휩쓰는 배우이기도 하고, 영화감독이기도 하며, 심지어 아카데미 각색상 후보에 이름을 올릴 정도의 작가로서도 뛰어난 에단 호크라는 사람이 있습니다. 이 분이 쓴 『기사의 편지』라는 책이 있는데요. 이 책에서 가장 유명한 내용이 아메리카 인디언들의 우화를 재편집한 우리의 내면에 살고 있는 두 마리 늑대 이야기입니다. 그 내용이 이렇습니다.

우리 각자의 내면에는 두 마리의 늑대가 살고 있다고 합니다. ① 한 마리의 이름은 악: 탐욕과 그릇된 자존심이 대표적인 것이지요. ② 그리고 다른 한 마리의 이름은 선: 믿음, 희망, 사랑, 이런 것들입니다. 그러자 할아버지에게서 자기 안에 선과 악이라는 두 마리의 늑대가 산다는 이 이야기를 듣던 손주가 궁금해서 할아버지에게 다시 물어봅니다. "그럼 어떤 늑대가 이기나요?" 그때 할아버지의 대답이 기가 막힙니다. "네가 먹이를 주는 쪽이 이긴단다."

이 우화와 마찬가지로 우리 안에는 ① 내 욕망의 반려인 가짜 하나님과 ② 진정으로 순종하고 따라야 하는 진짜 하나님 사이에서 서로 얼굴을 내밀고자 하는 끊임없는 갈등이 일어납니다. 그러면 누가 이긴다고요? 내가 먹이를 주는 쪽, 바로 내가 마음을 기울이는 쪽입니다. 그렇다면 우리는 어느 쪽을 선택해야 합니까?

그 답은 이 질문으로 대신하겠습니다. "누가 진짜 우리의 인생에 단비를 내리실 수 있겠습니까? 누가 진짜 우리의 삶에 성령의 불을 내리실 수 있겠습니까?"

19과

손만 한 작은 구름

열왕기상 18장 41-46절

유명한 역사학자이자 신실한 기독교인이었던 찰스 비어드라는 분이 계십니다. 그런데 이 분이 은퇴하기 전, 어떤 기자가 인터뷰에서 이런 질문을 했습니다. "박사님, 평생토록 역사에 관해 연구해 오셨는데 특별히 깨달은 것이 있다면 무엇입니까?" 그러자 이 찰스 비어드 박사가 자신이 일평생 인류의 역사를 연구하는 가운데 아주 소중한 4가지의 교훈을 얻었다라고 합니다. "첫째, 나는 인간들의 잔인한 파괴 속에서도 더 힘 있게 건설하시는 하나님의 능력을 보았다. 둘째, 하나님의 연자 맷돌은 비록 천천히 돌아가지만 정확하고 섬세하다. 셋째, 꿀벌이 꽃의 꿀을 따면서도 꽃을 수정을 시키는 신비를 보았다. 넷째, 나는 캄캄한 밤중에 하늘의 별이 더욱 빛나는 모습을 보았다."

1. 하나님의 역사를 보려면 기도하는 사람이 되어야 합니다

이스라엘에 기근이 시작된 지 3년째 되던 어느 날이었습니다.

그때 하나님께서는 엘리야에게 "내가 비를 지면에 내리리라"라고, 먼저 약속해 주신 것을 볼 수 있습니다(왕상 18:1). 하나님께서 이렇게 직접 약속까지 다 해주셨다면, 이제 우리는 무엇을 해야 합니까? 그냥 맘 편히 기다리면 되겠지요? 하나님께서 약속하셨으니 다 이루어질 것 아닙니까?

그런데 여기서 중요한 것은 그냥 기다리기만 해서는 안 된다는 것입니다. 기다리는 중에 무엇을 해야 합니까? 바로 기도입니다. 분명히 속으로 이런 생각 하시는 분들도 계실 겁니다. '아니, 하나님께서 이렇게 확실히 약속하셨다면 구태여 기도할 필요가 있을까? 하나님께서 계획하신 바이고, 심지어 약속까지 하셨으니 내가 기도를 하든지 말든지 당연히 이루어지는 것이 아닌가?'

하지만 에스겔 36장 37절 말씀에 보면 하나님께서는 이렇게 말씀하십니다. "주 여호와께서 이같이 말씀하셨느니라 그래도 이스라엘 족속이 이같이 자기들에게 이루어 주기를 내게 구하여야 할지라." 그러므로 기도는 최후의 수단이 아니라, 최초의 수단이 되어야 하는 겁니다.

2. 하나님의 역사를 보려면 포기하지 말아야 합니다

"아합이 먹고 마시러 올라가니라 엘리야가 갈멜산 꼭대기로 올라가서 땅에 꿇어 엎드려 그의 얼굴을 무릎 사이에 넣고 그의 사환에게 이르되 올라가 바다 쪽을 바라보라 그가 올라가 바라보고 말하되 아무것도 없나이다 이르되 일곱 번까지 다시 가라"(왕상 18:42-43).

성도님들, 방금 읽으신 말씀을 보시면 아시겠지만, 엘리야가 엎드려 기도하자마자 비가 마구 쏟아진 것이 아니었습니다.

아니, ① 엘리야가 얼마나 위대한 선지자입니까? ② 얼마나 많은 기적을 일으킨 선지자입니까? ③ 거기다 하나님의 약속도 있었습니다. ④ 게다가 지금 땅바닥에 꿇어 엎드려 자신의 얼굴을 두 무릎 사이에 파묻을 정도로 간절히 기도하고 있습니다. 그렇다면 즉시 응답되어야 할 것 같은데, 하지만 바다 쪽을 살피고 온 사환의 대답은 "아무것도 없나이다"입니다. 그리고 그러기를 여섯 번을 반복해도 사환의 대답은 여전히 "아무것도 없나이다"입니다.

성도님들, 우리가 정말 간절히 기도를 하는데도 불구하고, 하나님의 분명한 약속이 있었음에도 불구하고 응답이 느릴 때가 있습니다. 그럴 때 우리의 마음속에서 무슨 소리가 들립니까? ① 처음에는 "아닌가 보다", ② 그다음에는 "기도해도 소용없구나", ③ 그다음에는 "그만두자, 될 대로 되겠지"입니다. 하지만 이런 것들은 다 사탄의 속삭임입니다. 사탄은 우리의 기도가 이루어지고, 우리를 통해 하나님의 뜻이 이루어지는 것을 너무나 싫어하기 때문에 우리에게 끊임없이 포기를 종용하는 것입니다.

성도님들, 분명한 하나님의 약속도 있고, 간절히 기도도 했는데, 우리가 응답받는 것에 실패하는 이유가 무엇입니까? 한두 번 기도하고는 '안 된다' 하고 그만두기 때문입니다. 서너 번 기도하고는 '안 된다' 하고 불평하며 돌아서기 때문입니다. 다섯, 여섯 번 기도하고는 이만큼 했는데도 '안 된다' 하고 포기해 버리기 때문입니다.

하지만 응답을 받는다는 것은 언제나 인내의 경주라는 사실을 잊으시면 안 됩니다. 엘리야를 보십시오. 여섯 번을 실패했습니다.

그래서 포기했습니까? 아닙니다. 오히려 일곱 번째에 또 무릎을 꿇었습니다. 기도를 멈추지 않았습니다. 약속의 말씀이 이루어지는 것을 끝까지 붙들고 기도했습니다. 즉, 응답이 될 때까지 기도한 것입니다. 사랑하는 성도님들, 기도는 결코 일회용 소모품이 아닙니다. 기도라는 것은 몇 번 하고 버려버리는 소모품이 아니라는 말입니다.

3. 믿음의 눈

자, 엘리야가 이렇게 기도했더니 무슨 일이 일어났습니까? "일곱 번째 살피고 온 사환이 돌아와서는 자기가 사람 손만 한 작은 구름이 일어나는 것을 보았다"는 것입니다(44절). 아니, 3년 동안의 극심한 가뭄, 비 한 방울 오지 않던 마른하늘에 고작 사람의 손만 한 작은 구름이 대체 무슨 의미가 있었겠습니까?

그런데 믿음의 눈은 그 손만 한 작은 구름에서도 큰비를 보는 것입니다. 믿음의 세계에서는 ① 겨자씨만 한 믿음이 거대한 산을 옮기지요. ② 땅바닥에 떨어진 밀알 하나가 백 배의 열매를 맺습니다. ③ 보리떡 다섯 개, 물고기 두 마리가 오천 명을 먹이고 남는 겁니다.

나의 기도는 엘리야의 기도와 비교해서 어떻습니까? 또 엘리야의
기도에서 내가 배울 점은 무엇인가요?

미국에 대공황이 몰아닥치던 시기였습니다. 그때 태어난 지 아홉 달 만에 아버지를 여의고, 홀어머니 아래에서 자라는 통에 가난으로 인해 학교마저 제대로 다니지 못한 한 남자가 있었습니다. 이 사람이 결혼 후, 가계를 꾸리기 위해 목재소에서 일을 하고 있었는데요. 어느 날 아침, 자기 책상 위에 해고 통지서가 있더랍니다. 너무나도 갑작스럽고 황당한 통보에 마음속 깊은 곳에서부터 회사와 직장 상사에 대한 복수심이 끓어올라 견딜 수가 없었답니다.

그러다 보니 몇 달 동안 방황하며, 결국 가지고 있던 남은 돈까지 다 탕진하기에 이르렀습니다. 그러니 도저히 못 견딜 것 같았던 이 남자가 자신의 아내에게 이렇게 말합니다. "여보, 나 사실 자살하고 싶어요. 모든 노력을 다 해봤는데 아무것도 되는 일이 없네요."

그런데 그때, 그의 아내가 이런 조언을 했다고 합니다. "여보! 당신이 딱 한 가지 안 해본 것이 있는데, 기도는 안 해봤잖아요. 당신은 당신이 처한 이 상황과 문제를 두고 진지하게 기도해 본 적은 없잖아요." 이 말이 이 남자의 마음을 흔들어 놓기 시작합니다. 그래서 그때부터 그의 아내와 함께 기도하기 시작했습니다. 그런데 기도를 시작한 후로부터는 신기하게도 자신을 일방적으로 해고한 회사와 직장 상사에 대한 미움과 분노가 사라졌고, 오히려 머릿속이 정돈되기 시작했다고 합니다.

정신을 차린 그는 '내가 무엇을 할 수 있을까?'를 고민하며 하나님께 물었고, 우선은 목재소에서 일한 경험을 바탕으로 조그마한 건축업부터 다시 시작하게 되었습니다. 그러던 1951년 여름, 이제 어느 정도 재기도 했겠다, 그래서 이제까지 고생했던 가족을 데리고 휴가를 떠났는데, 기대와는 달리 형편없는 숙소 때문에 가족 모두가 힘든 경험을 하게 됩니다. 휴가철 비싼 바가지요금에 불친절하고 지저분한 데다, 비치된 책자들은 죄다 성인 잡지들이더라는 것입니다.

그런데 이 사람이 화가 날 법도 한데, 오히려 하나님께 이런 기도를 드립니다. "하나님께서 드디어 응답해 주셨군요. 하나님, 제가 가야 할 길을 보여주심에 감사드립니다. 이제 저는 적절한 가격으로, 좋은 서비스를 제공할 수 있는 건전한 호텔을 짓고 싶습니다." 하지만 주변에서 그런 호텔은 다들 안 된다고 했습니다. 그리고 호텔을 운영하기는커녕 호텔에 제대로 가보지도 않은 사람이 무슨 호텔이냐고 기대도 안 합니다.

하지만 그는 오랜 기도 끝에 보여주신 하나님의 비전을 믿었습니다. 그래서 그 많은 비난의 소리와 재정적인 어려움도 이겨내고 첫 번째 호텔의 문을 열게 됩니다. 적절한 가격에 좋은 서비스를 제공하는 호텔. 결국 이것은 큰 성공을 거두게 되었고, 7년 후엔 100개의 호텔, 10년 후엔 10,000개가 넘는 호텔을 세우게 됩니다.

이 호텔이 세계적인 호텔 체인인 홀리데이 인(Hoilday Inn)이고요. 이 사람은 그 호텔의 창업자이자, 이후 호텔 왕이라는 별명을 가지게 되는 케먼스 윌슨 입니다. 실제로 이 호텔은 기도의 응답으로 세운 호텔이다 보니 지금까지 카지노를 들여다 놓지 않고, 성인 잡지를

비치해 두지 않는 것으로 유명하지요. 이 케먼스 윌슨이란 사람이
한 유명한 말이 있습니다.

  "성공한 사람은 이전에 여러 번 실패했을지 모른다.
  그는 포기하기를 거부했기 때문에 성공한 것이다."

응답을 빨리 받는 비결

열왕기상 18장 36-38절

한국교회 성도님들이 '기도의 응답'이라 할 때 제일 좋아하는 분이 조지 뮬러이지요. 이분의 전기를 보면 기도하는 즉시 혹은 기도가 끝나자마자 심지어는 기도하는 중간에 막 응답을 받으시잖아요. 예를 들면 이분은 평생 고아를 위해 사역하셨는데요. 하루는 2천 명이나 되는 고아들을 먹일 양식이 없어서 사무실에 꿇어앉아 "하나님, 2천 명을 먹일 양식을 주옵소서"라고 기도했더니, 기도가 끝나기도 전에 누가 노크를 하면서 "원장님, 빵 공장이 지금 문을 닫았는데, 재고를 처할 길이 없어서 트럭에 싣고는 빵을 어디다 버릴까 고민하다가 우리 고아원을 발견하고는 우리 마당에 쏟아놓고 갔습니다"라고 했답니다.

조지 뮬러라는 분이 60년 사역하시는 동안 5만 번 이상 응답을 받았다고 하니 계산하면 대략 1년에 1,000번 가까이 응답을 받았다는 겁니다. 그러니 이런 기도의 응답의 비결, 이런 것을 알면 얼마나 좋겠습니까?

1. 똑같은 기도인데, 다른 응답

1) 갈멜산에서 바알, 아세라 제사장들과 홀로 대결하던 엘리야

그런데 이때 드린 엘리야의 기도는 즉시로 응답받았습니다. 그래서 기도가 끝나자마자 곧바로 하늘에서 불이 떨어지게 된 것이지요.

2) 똑같은 장소인 갈멜산에서, 그것도 분명히 하나님께서 약속해 주신 바가 있어서 비를 내려달라고 했던 엘리야의 기도

이번 기도는 엘리야가 땅에 꿇어 엎드려 그 얼굴을 무릎 사이에 넣고 정말 간절히 기도했음에도 불구하고 즉시로 응답되지 않았습니다. 6번을 실패하고 7번째가 되어서야 겨우 사람의 손만 한 구름을 보게 된 것이지요.

그러니 이것이 이상하지 않습니까? ① 어떨 때는 하나님께서 즉시로 응답해 주시는 반면, ② 어떨 때는 정말 응답을 늦추시고 또 늦추시더라는 것입니다. 대체 왜 이런 차이가 날까요?

2. 기도를 하는 것보다 중요한 것?

19세기 스코틀랜드에서 대부흥 운동이 일어났을 때, 수많은 사람이 복음을 받아들인 후 자신의 이익을 위해 사람들을 속인 것을 회개하

고, 하나님 앞에서 정직하게 살겠다고 서원합니다. 그리고 회개와 서원 기도를 실제로 자신에 삶에 적용시키는 역사들이 일어났습니다. 그래서 술집도 문을 닫고, 유흥가도 문을 닫았다고 하지요. 뿐만 아니라 당시 노동자들이 공장에서 물건을 만들면서 뒤로 빼돌리는 일들이 허다했다고 합니다.

하지만 이들이 회개와 서원의 기도를 자신의 삶에서 적용시키는 순종을 결심한 이후, 훔쳐 갔던 물건들을 다시 반납하는 바람에 공장 주인은 그들이 갖고 오는 물건들을 쌓아둘 거대한 창고를 몇 개씩이나 더 지어야 했다고 합니다.

오늘 본문 36절에 보면 엘리야의 기도가 나오는데요. 맨 마지막에 "내가 주의 말씀대로 이 모든 일을 행한다"라고 하지요. 즉, 하나님께서 자신에게 명령하신 것을 하나도 남김없이 다 순종하고 있음을 기도합니다. 즉, 엘리야는 기도의 사람일 뿐만 아니라 순종의 사람이었다는 것입니다.

그런데 기도 많이 한다고 하시는 분들 중에도 응답에 대해서 이런 개념을 가진 분들이 많습니다. 내가 이미 계획 다 해 놓고, 내가 받고 싶은 응답을 이미 다 정해 놓고 하나님께 열심히 부르짖으면서 이 일이 내 마음대로 이루어지도록 떼를 쓰는 것이지요. 하지만 기도는 반드시 순종이 덧입혀져야 하는 것입니다.

3. 응답의 비결?

① 갈멜산에서 850대 1로 싸우던 때의 엘리야의 기도와 ② 갈멜산에서 비를 내려달라고 온몸을 구푸려 기도하던 엘리야의 기도, 이둘에는 차이점이 많아 보이지만, 사실은 공통점이 있습니다.

1) 먼저 "비를 내려주소서"라고 기도할 때

땅에 꿇어 엎드려 얼굴을 무릎 사이에 넣고 간절히 기도했지만, 6번을 실패했습니다. 그리고 7번째가 되어서 드디어 눈에 보이는 것이 있는데, 고작 사람의 손만 한 작은 구름 한 조각뿐이었습니다.

2) 그리고 "하늘에서 불을 내려달라"고 기도하기 전

엘리야는 4개의 통에 물을 채워다가 제단 위에 부으라고 합니다.
그리고 또 붓고 또 붓습니다. 4통씩 3번, 총 12통의 물을 부은 것이지요. 그러자 그 물이 곡식 종자 두 세아를 둘 만한 도랑에도 가득 찼다고 합니다. 한 세아가 7.5리터니까, 두 세아면 15리터의 물이 도랑에 가득 찼다는 것입니다. 그러니까 이것이 무슨 말입니까? 기도의 응답을 받을 가능성이 너무나 작아 보인다는 말입니다.
그러므로 성도님들, 하나님께서 기도의 응답을 주실 때가 언제인지 아십니까? 그러니까 즉시로든, 늦춰지든, 하나님께서 기도의 응답을 주실 때가 언제인지 아십니까? ① 바로 우리 힘으로는 불가능할 때입니다. ② 이것은 우리 힘으로는 도저히 불가능하기 때문에 무조건 하나님께서 하셨다는 것을 확실히 보여주실 수 있을 때, 그때 기도가 응답이 되는 것입니다. 성도님들 응답이 빠르냐, 느리냐는 중요한 것이 아닙니다. 중요한 것은 이 응답으로 하나님께서 드러나시느냐는 것입니다.

1) 이제까지 바랐던 기도의 응답과 앞으로 바라는 기도의 응답에 차이가 생기셨나요? 그렇다면 앞으로는 기도의 응답에서 무엇을 중요하게 여기시겠습니까?

2) 기도는 내 삶에서 적용시킬 때 진정으로 힘이 있습니다. 나의 기도를 내 삶에서 적용하기 위해 어떻게 하시겠습니까?

"그러나 여호와께서 기다리시나니 이는 너희에게 은혜를 베풀려 하심이요 일어나시리니 이는 너희를 긍휼히 여기려 하심이라 대저 여호와는 정의의 하나님이심이라 그를 기다리는 자마다 복이 있도다"(사 30:18).

① 하나님께서 기다리신다면, 그것은 은혜를 베푸시려는 것이고, ② 하나님께서 즉시로 응답하신다면, 그것은 긍휼히 여기심입니다. 중요한 것은 복 있는 사람은 응답의 때가 어떻든 기다릴 줄 아는 사람인 것입니다. 설령 그것이 한계에 이른다 할지라도요. 설령 그것이 불가능에 이른다 할지라도요. 그러니까 응답을 빨리 받는 비결? 그런 건 없습니다. 그저 하나님만이 완전히 드러나실 때를 기다리는 것, 이것뿐이지요. 그러므로 그때가 오기까지 우리가 갖추어야 할 것은 순종의 사람이 되는 것뿐입니다.

하나님께서 선택하신 한 사람

열왕기상 19장 18절

1. 이상해진 엘리야

열왕기상 18장에서는 기도로 하늘에서 불을 떨어뜨려 완벽하게 승리하는 엘리야의 모습을 보았습니다. 그런데 여왕 이세벨이 이 소식을 전해 듣고서 엘리야에게 사신을 보내어 무슨 일이 있어도 "엘리야, 너를 반드시 죽이겠다"라는 말을 전합니다 (왕상 19:1-2). 만약 우리 성도님들께서 이런 소식을 전해 들은 엘리야라면 어떻게 하시겠습니까? 저라면 콧방귀를 꼈을 겁니다. 조금 전에 하늘에서 불도 떨어뜨리고, 비도 내리게 한 엘리야 아닙니까? 그러니 "감히 나를 죽이겠다고? 하나님, 저 여자의 머리 위에도 불덩어리 크게 하나 떨어뜨려 주시옵소서." 저 같으면 이렇게 기도했을 겁니다.

그런데 참 이상하게도 이때 엘리야가 정말 의외의 반응을 보입니다. 아합과 아세라 선지자 850명 앞에서는 눈도 하나 깜짝 안 하던 엘리야가 왕비 이세벨이 자기를 죽인다는 소식을 듣고 난 이후에는 그 길로 광야로 도망쳐서는 로뎀 나무 아래서 하나님께 이렇게 기도합니다. "자기 자신은 광야로 들어가 하룻길쯤 가서 한 로뎀 나무 아래 앉아서 자기가 죽기를 원하여 이르되 여호와여 넉넉하오니 지금 내 생명을 거두시옵소서 나는 내 조상들보다 낫지 못하나이다 하고"(왕상 19:4).

이게 무슨 말입니까? "하나님, 나는 내 조상들, 내 선배 선지자들에 비해서 너무나도 부족하고 뒤처지는 사람입니다. 그럼에도 지금까지 할 만큼 했잖아요. 그러니 화를 당해 험하게 죽기 전에 그냥 지금, 여기서 나를 좀 편안히 죽여주십시오."

2. 오직 나만 남았거늘

엘리야가 지금 이렇게 자기를 죽여 달라고 기도하는 데에는 그만한 이유가 있습니다. 열왕기상 19장 10절과 14절을 보시면 내용이 똑같습니다. 그러니까 엘리야가 하나님께서 똑같은 말을 두 번이나 반복해서 하는 겁니다. 그 내용이 무엇인지 한 번 보십시오. "그가 대답하되 내가 만군의 하나님 여호와께 열심히 유별하오니 이는 이스라엘 자손이 주의 언약을 버리고 주의 제단을 헐며 칼로 주의 선지자들을 죽였음이오며 **오직 나만 남았거늘** 그들이 내 생명을 찾아 **빼앗으려** 하나이다."

여기서 알 수 있는 엘리야의 마음, 곧 엘리야가 자기 스스로를 바라보는 시각이 무엇입니까? 하나님 다 죽임당하는 바람에 오직 저 하나 남았습니다. 그래서 어쩔 수 없이 이 일을 하고 있습니다.

3. 아니, 7,000명이나 있다

그런데요. 그때 들려온 세미한 하나님의 음성이 이렇습니다. "그러나 내가 이스라엘 가운데에 **칠천 명을 남기리니** 다 바알에게 무릎을 꿇지 아니하고 다 바알에게 입 맞추지 아니한 자니라"(왕상 19:18). 엘리야는 분명히 자기만 남았다고 했습니다. 그런데 하나님은 7,000명을 남기셨다고 하네요. 그러면 하나님의 이 대답에는 무슨 의미가 담겨 있는 걸까요?

① 먼저 이 말씀은 우리가 흔히 들어왔듯 너와 함께 할 7,000명의 동역자가 있다고 해석할 수 있습니다. 외로워하는 엘리야에게 "아니다. 너와 뜻을 같이하는 동역자가 7,000명이나 있다" 이런 말씀이지요. ② 하지만 흐름상 해석해 보면 좋은 선지자가 다 죽임을 당하고 자기만 혼자 남아서 어쩔 수 없이 내가 하고 있다고 탄식하는 엘리야에게 하나님께서는 "내가 너 말고 선택할 수 있는 사람이 7,000명이나 되지만 나는 바로 너를 택했다"라는 것이 됩니다.

여기서 7,000이라는 숫자는 사람의 머릿수라기보다는 완전수로 해석하는 것이 맞습니다. 그러면 이런 뜻이 되지요. "내가 너 말고 선택할 수 있는 사람이 없을 것 같으냐? 솔직히 널리고 널렸다. 그런데 나는 너를 선택했다."

사랑하는 성도님들, 오늘 하나님께서 우리에게 들려주시는 세미한 음성도 이것입니다. "내가 너 말고 선택할 수 있는 사람이 이 세상에 수천, 수만은 되겠지만, 나는 너를 택했다. 바로 너를 지명하여 불렀다."

4. 엘리야의 멘탈이 나갔던 이유

요즘 젊은이들이 쓰는 말 중에 "멘탈이 나갔다"라는 말이 있지요. 엘리야도 마찬가지였을 것입니다. 왜 엘리야가 도망을 갔겠습니까?

왜 엘리야가 지금 자기를 죽여 달라고 빌겠습니까? 진짜 능력이 없어서입니까? 진짜 믿음이 없어서입니까? 아닙니다. 그냥 당시의 상황이 엘리야의 마음을 순간적으로 그렇게 만든 것입니다.

우리도 이럴 때가 있지요. 분명히 믿음도 있고, 확신도 있었는데, 주변의 상황을 보고 있자니 갑자기 멘탈이 나가는 겁니다. 왜요? 순간 희망이 보이지 않기 때문입니다. 순간 소망이 사라지기 때문입니다. 하지만 이때 하나님께서 들려주시는 음성이 바로 이것입니다. "내가 선택할 수 있는 사람이 이 세상에 수천, 수만은 있었어도 내가 선택한 사람은 바로 너다."

5. 하나님이 나를 선택하신 이유

하나님께서 그 많은 사람 중에 왜 나를 선택하셨을까요? 그 이유는 죄송하지만 모릅니다. 선택은 오직 하나님의 영역이기 때문입니다. 나는 뭐 하나 잘난 것도 없고, 갖춘 것도 없는데, 그냥 하나님 마음대로 나를 선택한 것입니다. 그러므로 오늘 우리의 귀에 들리는 하나님의 미세한 음성이 이것입니다. "너는 부족하다 하여도, 나는 너를 선택했다. 너는 연약하다 하여도, 내가 너를 돕고 일으키겠다. 너는 할 수 없을 만큼 지쳤다 하더라도, 어쩔 수 없어서 억지로 하고 있다고 하더라도, 내가 그 자리에서 너와 함께하겠다. 왜냐하면 너를 부른 것이 나이기 때문이다."

그러므로 나를 선택하신 하나님의 선택이 절대 틀리지 않았다는 것을 증명해 내는 유일한 무기인 '희망'을 어느 순간에도 잃어버리면 안 되는 것입니다.

나눔

순간의 상황적 어려움에 깊고 깊은 절망에 빠진 나를 발견하신
적이 있으신가요? 그렇다면 앞으로는 어떻게 그 절망에서 빠져나오
시겠습니까?

1918년, 남아프리카 공화국 현지인으로, '템부'라는 부족의 족장의 아들로 태어난 롤리흘라흘라라는 한 남자가 있었습니다. 이 남자가 46세가 되었을 때 인류 역사상 최악의 인종 차별 정책인 아파르트헤이트를 철폐해 달라고 외쳤다가, 종신형을 선고 받고, 남아공에서 가장 악명 높은 루벤섬 감옥에 투옥이 되는데요. 그가 갇힌 독방은 다리를 다 뻗을 수도 없을 만큼 좁은데다, 있는 거라고는 변기로 사용하는 찌그러진 양동이 하나밖에 없었다고 합니다. 게다가 간수들은 걸핏하면 폭력을 가하고, 면회와 편지는 6개월에 한 번 시켜줄까 말까였다고 합니다.

그러니 고독함에, 악취에, 폭력에 정말 미칠 것 같았다고 합니다. 게다가 그곳에 갇힌 지 4년째 되던 해에 그의 어머니가 돌아가셨다는 소식을 듣습니다만 나갈 수가 없습니다. 그 이듬해엔 자신의 큰아들마저 교통사고로 목숨을 잃었다는 소식을 듣습니다만 여전히 나갈 수가 없습니다. 그렇게 투옥된 지 14년이 되었을 때, 자신의 큰딸이 딸을 낳은 후 손녀 이름을 지어 달라고 찾아오자 이 남자는 말 없이 쪽지에 아이의 이름을 적어 줍니다. 그 아이의 이름을 보고선 그 자리에 있던 모든 사람이 눈물을 흘리는데요. 그때 그 종잇조각에 쓰인 이름이 무엇이었냐? 아즈위(Azwie), 우리말로는 희망입니다.

그 고통 속에서 14년을 살았고, 앞으로도 죽을 때까지 그 고통 속에서 살아야 할 이 남자가 쓴 한마디가 바로 희망이었다는 것입니다. 그리고 또 13년의 세월이 더 흘러 투옥된 지 27년째 되던 해 감옥에서 죽음을 맞이한 동료의 딸에게 이런 내용의 편지를 보냅니다.

믿음은 오크나무와 같다는 말이 있단다. 그것은 꾸준히 성장하지만, 다 자란 후에는 수백 년 동안 굳건히 견딘단다. 말을 타거나 경마를 본 적이 있나? 희망은 말과 같아서 너는 그 위에 타고 있으면 결국 목적지에, 결승점에 도달한단다.

그러니까 27년을 그 고통의 독방에서 지내는 사람이 한 이야기가 무엇이냐면 ① 믿음은 일정 수준으로 자라면, 더 이상 우리가 흔들리지 않고, 굳건히 버티게 만들어 주는 것이 되고, ② 희망이란 것은 그것을 버리지 않는다면, 결국에는 바라는 대로 이루어진다는 것입니다. 1990년, 이 남자는 드디어 석방이 되었고, 그로부터 4년 후 그는 남아프리카공화국의 대통령이 됩니다. 남아공 템부 족의 이름으로는 롤리흘라흘라라는 이 남자. 우리가 부르는 이름으로는 바로 넬슨 만델라입니다.

사랑하는 성도님들, 이처럼 우리가 처한 상황이 감옥과 같이 힘들고 어려운 상황일지라도 절대로 잃어버려서는 안 되는 것이 바로 믿음과 희망인 것입니다. 사실 생각해 보면 우리는 ① 가진 것보다 안 가진 것이 훨씬 더 많습니다. ② 할 수 있는 것보다 못 하는 것이 훨씬 더 많습니다. ③ 능력보단 부족함이 훨씬 더 많지요. 그렇기에 단순한 확률로만 본다면 우리는 무엇이든지 간에 이루어 낼 확률보다는 못 이룰 확률이 더 높은 편에 속해 있지요.

하지만 그렇다고 절망할 필요는 없습니다. 왜냐하면 어떤 상황 속에서도 희망을 잃어버리지 않는다면, 그다음은 자신의 선택이 틀리지 않았다는 것은 하나님께서 직접 증명하실 것이기 때문입니다. 이 사실이 우리의 믿음과 희망의 근원입니다.

/

Part 3

요한복음 21장

: 예수님과 베드로의 사랑 고백
그리고 두 번째 기회

진정한 가치가 어디에 있느냐 I

요한복음 21장 1-6절

십자가에 달리시기 전날 밤, 예수님께서는 제자들에게 참 많은 말씀을 하셨습니다. 특히 가룟 유다에게는 "네가 오늘 나를 팔 것이다"라고 말씀하시고(마 26:25), 베드로에게는 "오늘 밤, 닭 울기 전에 네가 세 번 나를 부인하리라"라고 말씀하셨습니다(마 26:34). 그리고 모든 제자에게는 "오늘 밤 너희가 다 나를 버리리라"라고 말씀하셨는데요(마 26:31). 그런데 거기다 한마디를 덧붙이십니다. "내가 살아난 후에 너희보다 먼저 갈릴리로 가리라"(마 26:32).

그래서인지 예수님께서 부활하신 후 천사도 말하기를 "너희보다 먼저 갈릴리로 가시나니 거기서 너희가 뵈오리라"(마 28:7)라고 합니다. 그렇다면 예수님께서 부활하신 후, 제자들은 어디로 가야 합니까? 당연히 갈릴리지요. 그래서 오늘 본문 1-2절에 보면 7명의 제자들이 갈릴리 호수의 서안에 있는 디베랴라는 곳으로 갑니다.

1. 나는 물고기 잡으러 가노라

그런데 여기서 베드로가 갑자기, 그것도 뜬금없이 "나는 물고기 잡으러 가겠다"라고 합니다. 이해가 되는 바입니다. 갈릴리에 와서 몇 날 며칠을 기다려도 예수님을 뵐 수가 없고, 지금 장정이 7명이나 있는데 생활비도 떨어지고, 먹을 것도 구하기 쉽지 않아요. 그런데도 하염없이 기다리면서 빈둥빈둥거리며 있는 것이 베드로의 마음에 들지 않았던 것입니다. 더군다나 예수님께서 몇 날, 몇 시에 오겠다고 약속하신 것도 아니지 않습니까?

그러니 '예수님께서 언제 오실지도 모르는 판국에 예수님께서 오실 때까지 무슨 일이든 해서 먹고 살아야 하지 않겠냐?'라는 생각을 하는 것은 당연한 것입니다. 그러므로 베드로의 이러한 생각은 잘못된 생각이 아닙니다. 오히려 잘한 생각입니다.

교회 안에도 보면요. 신앙은 참 좋아 보이는데, 자기 생활에는 무책임한 사람들이 있습니다. 가족들은 어떻게든 살아보겠노라고 그 고생을 하는데, 정작 자기는 일하기 싫다고, 신앙생활 하는 것만 좋다고 하며, 교회에만 매달려 있는 분들이 계신데요. 이건 잘못된 생각입니다. 제가 청년 사역 오래하면서 지켜봤지만 교회에서는 정말 열심히 하는 청년인데 이상하게 사회생활은 잘 못하는 청년들이 의외로 많습니다. 이런 모습은 절대 옳은 것이 아닙니다.

2. 물고기 잡는 것까지는 좋았는데

여기까지는 참 잘했는데, 그런데 문제가 하나 있다면, 물고기를 잡다가 진짜 중요한 것을 잊어버린 것입니다. 바로 만나기로 한 예수님을 잊어버린 것입니다. 제가 앞서 교회에만 매여 있고, 자기 생활에서는 열심히 하지 않는 분들을 지적했다면, 이와는 정반대인 분들도 계시지요. 처음에는 이 일로 하나님께 영광을 돌리겠다고 작심하고, 이 일의 성공으로 주님의 사업에도 도움이 되고 싶다고 하며, 자기 일에 몰두하며 살아갑니다.

그런데 어느 순간부터 일이 주님을 앞서가기 시작합니다. 일에 매이다 보니 예수님을 잊어버리는 것이지요. 그 결과가 어떤지 아십니까? 바로 오늘 본문 3절과 4절 말씀에 나옵니다. 시몬 베드로가 "나는 물고기 잡으러 가노라 하니 그들이 우리도 함께 가겠다 하고 나가서 배에 올랐으나 그날 밤에 아무것도 잡지 못하였더니 **날이 새어갈 때에 예수께서 바닷가에 서셨으나 제자들이 예수이신 줄 알지 못하는지라**."

물고기 잡는 일, 비록 예수님 따라다니는 3년 동안은 쉬었다 해도, 제자들에게 이건 어릴 때부터 평생토록 해온 일이었습니다. 그러니 물고기 잡는 일이라면 언제든지 자신 있던 그들이었습니다. 그런데 밤새도록 온 열심을 다해 그물을 던졌고, 이미 날이 새고 있지만, 웬일인지 단 한 마리의 물고기도 잡히지 않았습니다. 성도님들 제자들이 밤새도록 고생을 했는데, 물고기 한 마리도 잡지 못했다고 하니 괜히 측은하십니까?

그런데 더 측은히 여겨야 하는 것은 따로 있습니다. 사람은 자기 잘하는 일, 자신 있던 일을 실패하는 순간, 자존심이 상했는지 더더욱 그 일에 몰두하게 되지요. 제자들도 그랬습니다. 그랬더니 정작 그들이 만나려고 했던 예수님께서는 지금 제자들에게 오셔서 바닷가에서 계신데도 제자들 중 아무도 예수님을 알아보는 사람이 없었다는 것입니다.

3. 빈 그물의 인생

저는 이 말씀을 읽을 때마다 눈물이 맺힙니다. 왜냐하면 밤이 새도록 빈 그물만 끌어 올리고 있는 제자들의 모습에서 처음 꿈꾸었던 비전, 진정한 삶의 목적을 잃어버린 채 그냥 하루하루 힘겹게 살아가는 우리의 모습이 투영되기 때문입니다. 분명히 우리에게도 확실한 꿈이 있었고, 분명한 목적도 있었습니다. 분명히 시작할 때는 그랬습니다. 그래서 시작할 때는 엄청난 기대를 가지고 출발했었습니다.

그런데 어느 순간부터 바쁨이 나를 삼켜가기 시작합니다. 일이 나를 잠식하기 시작합니다. 밤을 새서 공부를 하고, 밤이 늦도록 일을 하며 힘에 겨울만큼 열심히 살아왔는데, 거두어들인 것은 결국 빈 그물뿐인 것입니다. 밤이 새도록 수고했고, 새벽이 맞도록 수고했지만 ① 우리의 손에는 아무것도 주어진 것이 없고, ② 우리의 인생은 결국 빈 그물의 인생이 되고 말았다는 것입니다. 완벽하고도 참담한 실패지요. 그런데 더더욱 슬픈 것이 또 있습니다. 이렇게 지칠 대로 지쳤지만, 그럼에도 무엇이 잘못되었는지를 되돌아볼 시간도 없을 만큼 여전히 빈 그물만 기계적으로 들어 올리고 있다는 것입니다.

나눔

1) 내 인생의 원래 비전은 무엇이었습니까? 내가 선택한 이 일, 그때 이 일을 선택한 원래 목적이 무엇이었습니까?

2) 그런데 지금 내 모습은 어떤가요? 돈이 아니라 비전을 기준으로 한다면 과연 빈 그물의 인생이 아니라 할 수 있나요?

23과

진정한 가치가 어디에 있느냐 II

요한복음 21장 1-6절

1

지난주에 이어서 밤이 새도록 수고했고, 새벽을 맞도록 수고했지만, 빈 그물만 연이어 퍼 올리고 있는 제자들에게 바닷가 한편에서 한 음성이 들려왔습니다. "얘들아, 너희에게 고기가 있느냐?"(5절) 분명히 낯익은 음성이었을 텐데, 제자들은 그 음성의 주인공이 누구인지 알려고 하지 않았습니다. 이미 기계적으로 그물만 들어 올리는 제자들은 대답조차 그저 기계적으로 할 뿐이었습니다. "없나이다." 그때 똑같은 음성이 다시 들립니다. "그물을 배 오른편에 던지라. 그리하면 잡으리라"(6절). 이쯤 되면 적어도 베드로는 이 목소리가 누구의 목소리인지 알아채야 하는 거 아닙니까? 이미 경험이 있잖아요("깊은 데로 가서 그물을 내려 고기를 잡으라" 눅 5:4).

그럼에도 이미 바쁨과 지침에 노예가 된 제자들은 이 목소리가 누구의 목소리인지 깨닫지를 못합니다. 아니, 정확히는 바쁘고 지쳐서 이 목소리가 누구의 목소리인지 관심조차 없었던 것이지요. **"얘들아, 너희에게 고기가 있느냐?"** 그런데 방금 예수님께서 말씀하신 부분을 원어로 보면, 성경 전체에서 유독 이 말씀에서만 사용된 너무나도 특이한 두 단어를 찾아볼 수 있습니다.

1) 얘들아

먼저 예수님께서 제자들을 부르시면서 사용하신 '얘들아'라는 단어는 헬라어로 '파이디온'입니다. 아동부에서 교사로 섬기시는 분들은 다들 아시겠지만, 파이디온이라는 어린이용 성경 교재가 있지요. 즉, 이 단어는 어린아이, 흔히 유소년을 지칭하는 단어입니다. 그러니까 이미, 한참 전에 어른이 된 제자들을 부르는 데에는 전혀 적합하지 않은 단어인 것이지요. ① 실제로 성경 어디에서도 파이디온이라는 단어가 어른을 부를 때 사용된 적은 단 한 번도 없습니다. ② 게다가 예수님께서 지금까지 제자들을 부를 때에도 파이디온이라고 부르신 적이 단 한 번도 없으셨습니다.

자, 그렇다면 이 의미가 무엇이겠습니까? 지금 자신들이 진짜로 해야 할 것이 무엇인지, 또 자신들이 진짜 있어야 할 곳이 어디인지를 망각한 채로 밤을 새워 가며 헛수고를 하는 제자들이 예수님의 눈에는 철없는 어린아이와 같이 비쳤다는 것입니다.

2) 고기

그리고 두 번째로 특이한 단어는 고기라는 단어입니다. 물고기 모양의 스티커나 액세서리 아시죠? 그게 다 '익두스'입니다. 그래서 신약성경에 나오는 물고기는 모두 다 익두스로 기록되어 있습니다. 하지만 딱 한 군데 예외가 있으니, 바로 오늘 본문입니다. 예수님께서 제자들을 향해 "너희에게 고기가 있느냐"고 물으실 때 사용하신 단어는 '프로습하기온'이거든요. 그런데 이 프로습하기온이란 단어의 정확한 뜻은 물고기가 아니라 ① 진미, 즉 ② 진귀한 음식입니다. 따라서 이 단어의 참뜻을 잘 살리면 예수님의 질문은 이런 의미가 됩니다. "그 고생을 했건만, 너희가 정말 귀한 것을 얻었느냐?"

2. 진정한 가치가 어디에 있느냐?

그렇다면 예수님께서 말씀하신 "애들아, 너희에게 고기가 있느냐?"이 말의 진정한 뜻이 무엇이겠습니까? "애들아, 거기에서 귀중한 것을 찾았느냐? 애들아, 그렇게 고생을 했건만 진정한 가치가 거기에 있더냐?"라는 것입니다. 그리고 예수님께서는 진정한 가치가 누구에게, 또 어디에 있는지 확실하게 보여주십니다. "그물을 배 오른편에 던지라 그리하면 잡으리라"(6절).

그리고 제자들이 배 오른편에 던진 그물을 들어 올리려고 하는데, 그물을 당겨도 올라오질 않는 겁니다. 분명히 밤새도록 텅텅 비어 있던 디베랴 바다였는데, 예수님의 말씀에 순종하여 던진 마지막 그물에서는 그 그물이 터질 것처럼 많은 물고기가 잡힌 것이었습니다.

3. 빈 그물을 채우시는 분

그러므로 우리 인생의 빈 그물을 채울 수 있는 분, 누구밖에 없습니까? 바로 예수님입니다. 즉, 예수님 밖에 우리의 인생의 빈 그물을 채울 분이 없다는 것입니다. 왜냐하면 예수님만이 유일하고도 진정한 가치이기 때문입니다.

나눔

1) 텅텅 비었던 내 인생의 그물을 이제 누구로 채우시겠습니까?

2) 세상이 원하는 대로 살다가 바쁨과 지침의 노예가 되어 버린 우리의 인생인데, 이제 진정한 기쁨을 얻기 위해 우리 인생의 방향을 어디로 돌리시겠습니까?

우리가 예수님을 떠나서는 아무것도 할 수 없습니다. 우리가 예수님을 떠나서는 되는 일이 없습니다. 우리가 예수님을 떠나서는 밤이 다 지날 때까지 날이 새도록 수고하더라도, 그 결과는 빈 그물뿐인 인생입니다. 하지만 예수님께 집중하고, 예수님과 함께하면 텅텅 비었던 내 인생의 그물이 단번에 차고 넘치게 되는 것입니다.

그러므로 성도님들 그렇게 힘겹게 수고로이 살아가지만 중요한 가치를 잊어버리는 바람에 결국 빈 그물만 거두는 인생으로 끝나는 것이 아니라, 우리 인생 최고의 가치를 오직 예수 그리스도에게 두어 만선의 기쁨을 누리는 인생 되시기를 주님의 이름으로 축원합니다.

두 제자 Ⅰ : 요한

요한복음 21장 7-11절

중국 송나라 때 오래전부터 내려오던 질문들과 이 질문에 대해 선승들이 제시한 답을 엮은 『벽암록』이라는 책이 있는데요. 이 책에 보면 줄탁동기(啐啄同機)라는 말이 나옵니다. ① 줄(啐)은 '떠들썩할 줄' 자로 이것은 계란이 부화할 때가 되어서 병아리가 나오고자 할 때, 병아리가 안에서 계란 껍데기를 톡톡 쳐서 어미 닭에게 알리는 것을 뜻합니다. ② 또한 탁(啄)은 '쪼을 탁' 자로 이것은 반대로 병아리가 나와야 할 때, 어미 닭이 밖에서 계란 껍데기를 톡톡 쳐서 병아리가 쉽게 나올 수 있도록 껍질을 깨뜨려 주는 것을 뜻합니다. 그러므로 줄과 탁이 같은 타이밍에 정확하게 이루어져야 병아리가 온전하게 태어난다는 말이 줄탁동기입니다.

1. 요한의 탁월한 강점

지난주에 보았듯 제자들은 밤이 새도록 그물을 던졌으나 단 한 마리도 건지지 못하지요. 그때 저기 바닷가에서 이런 음성이 들립니다. "그물을 배 오른편에 던지라 그리하면 잡으리라"(6절). 그랬더니이게 웬일입니까? 밤새도록 텅텅 비어 있던 디베랴 바닷가였는데, 이번에는 그물을 들어 올릴 수 없을 만큼 많은 물고기가 잡힌 것입니다. 이때 제자들의 심정이 어땠겠습니까? 마치 9회 말 끝내기 역전만루 홈런 친 기분 아니겠습니까?

그렇게 모두가 대역전극의 감격에 도취되어 있던 찰나, 너무나도 상반된 두 제자의 모습을 성경은 기록하고 있습니다. "예수께서 사랑하시는 그 제자가 베드로에게 이르되 주님이시라 하니 시몬 베드로가벗고 있다가 주님이라 하는 말을 듣고 겉옷을 두른 후에 바다로 뛰어내리더라"(7절). 여기에 나오는 예수께서 사랑하시는 그 제자는 바로요한복음의 저자인 사도 요한 자신을 일컫는 표현입니다. 저 목소리를따라 마지막으로 한 번만 더 던져 보자고 하며 던진 그물에 그 그물을들어 올릴 수조차 없을 정도로 많은 물고기가 잡히는 것을 확인하는순간 요한은 바로 눈치를 챕니다. 그래서 베드로에게 말하지요. "주님이시라."

예전에 베드로가 예수님의 말씀을 따라 깊은 곳에 그물을 던졌을때, 그물이 찢어질 정도로 많은 물고기를 잡았던 것을 요한도 보았기때문입니다(눅 5:10). 그러니까 이건 예수님이 아니고서는 결코 이와같은 역사가 일어날 수 없다는 것을 요한은 분명히 그것도 즉시로깨닫고 알아차린 것입니다. 그러므로 요한의 장점이 무엇입니까?뛰어난 지각력입니다. 즉, 요한은 제자들 중에서 가장 뛰어난 지각력을 지니고 있었던 것입니다. 눈치도 빠르고, 머리가 좋은 것도 있지만,

무엇보다 영적인 감각이 탁월했던 것이지요.

2. 요한의 치명적인 단점

그런데 요한이 "주님이시다"라고 외친 후에 어떻게 했습니까? 정확히는 무엇을 했습니까? 아무것도 안 합니다. 그냥 배에 가만히 앉아만 있습니다. 아니, 지금 부활하신 예수님이 저기 바닷가에 서 계신데 그리고 그걸 자기가 제일 먼저 알아보았는데 "예수님!" 하고 소리를 치는 것도 아니요, 좋아서 뛰쳐나가는 것도 아니요, "주님이시다" 한마디 딱 하고서는 그냥 가만히 있는 것입니다. 그렇다면 여기서 발견할 수 있는 요한의 단점은 무엇입니까? 바로 행동력이지요. ① 요한의 지각력은 제자들 중 그 어느 누구보다도 출중했지만, ② 그에 상응하는 행동력은 완전히 결여되어 있었다는 것입니다. 그러니 "주님이시다"라고 외치고서는 가만히 있는 것입니다.

나눔

1) 나는 지각력이 뛰어난 스타일입니까? 행동력이 뛰어난 스타일
입니까?

2) 혹시 요한과 같은 스타일이라면 나에게 어떤 변화가 필요할까요?

실제로 요한은 원래부터 행동력이 좀 부족한 편이었습니다. 예수님께서 부활하셨을 때, 막달라 마리아가 예수님 무덤을 찾아갔다가 예수님께서 다시 살아나셨다는 소식을 듣고서는 베드로와 요한에게 이 사실을 말해 줍니다. 그러자 베드로와 요한이 예수님의 무덤을 향해서 달려가기 시작하는데요. 그때 보면 달리기는 요한이 빨라서 무덤에 먼저 도착합니다. 그런데 무서워서 들어가지를 못합니다. 그냥 몸을 구부려 슬쩍 안을 들여다볼 뿐입니다(요 20:4-5). 그래서 뒤에 온 베드로가 무덤에 먼저 들어갑니다(요 20:6). 그렇게 베드로가 들어가는 것을 보고 나서야, 요한은 슬쩍 뒤따라 들어가는 것을 볼 수 있습니다(요 20:8). 그러니 요한은 제자 시절, 자기 스스로는 예수님께 가장 사랑 받은 제자라는 자부심이 있었을지 몰라도, 사실 그 자부심에 걸맞은 행동력을 보여준 적은 단 한 번도 없었던 것입니다.

25과

두 제자 II: 베드로

요한복음 21장 7-11절

우리 속담에 손바닥도 마주쳐야 소리가 난다는 말이 있습니다. 어떤 일을 하고자 할 때 뭔가 서로 맞지 않아 일이 제대로 성사되지 않을 때 쓰는 말이지요. 그러니 한 쪽 손바닥이 아무리 빨리 움직인다 하더라도, 반드시 마주하는 손바닥이 있어야만 온전한 소리가 난다는 것입니다. 그래서 지난주 지각력은 뛰어난 반면 행동력이 결여되었던 요한을 보았는데요. 이번엔 베드로를 한번 보겠습니다. 성도님들 사실 말씀에 순종해서 그물을 내렸다가 그물이 찢어질 정도로 많은 물고기를 잡았으면, 누가 제일 먼저 예수님이신지 알아봐야 합니까? 베드로입니다. 자기는 이미 한 번 경험이 있잖아요(눅5). 사람 낚는 어부가 되게 하겠다고 했을 때요.

1. 베드로의 탁월한 강점

그런데 요한이 먼저 알아봅니다. 그리고 주님이시라는 것을 알아

챈 후, 가만히 있던 요한과 달리 베드로는 어떻게 합니까? "예수께서 사랑하시는 그 제자가 베드로에게 이르되 주님이시라 하니 시몬 베드로가 벗고 있다가 주님이라 하는 말을 듣고 **겉옷을 두른 후에 바다로 뛰어내리더라**"(7절). 겉옷을 벗어 둔 채 그물을 잡고 있던 베드로는 주님이시라는 말을 듣자마자 황급히 겉옷을 두른 후에 즉시로 바닷속에 뛰어내렸습니다. 왜요? 예수님께서 저기 계시다는 말을 들은 이상, 더 이상 배 위에 머물러 있어야 할 이유가 없었던 것이지요.

그 많은 물고기도 지금 베드로에게는 중요하지 않았던 것입니다. 베드로에게 중요한 것은 오직 예수님뿐이었으니까요. 참 멋있지요? 그래서 "베드로가 바다로 뛰어내리더라"라는 이 부분을 헬라어 원전으로 보면 "베드로가 자기 자신을 바닷속으로 집어 던졌다"라는 표현으로 기록되어 있습니다.

1) 그러니까 베드로는 1분, 1초라도 더 빨리, 예수님을 만나고 싶었습니다.

2) 그럼에도 불구하고 이렇게 다급한 와중에서도 벗어 두었던 겉옷을 걸쳐 입을 정도로 예수님 앞에서 예의를 갖춥니다.

그러니 여기서 발견할 수 있는 베드로의 장점이 무엇입니까? 베드로는 제자들 중에서 행동력만큼은 타의 추종을 불허할 정도로 가장 앞서는 인물이었다는 것입니다.

2. 베드로의 치명적인 단점

도긴개긴이란 말이 있지요? 베드로나 요한이나 거기서 거기입니다. 오늘 본문 8-9절 말씀을 한번 보십시오. "다른 제자들은 육지에서 거리가 불과 한 오십 칸쯤 되므로 작은 배를 타고 물고기 든 그물을 끌고 와서 육지에 올라 보니 숯불이 있는데 그 위에 생선이 놓였고 떡도 있더라." 말씀에 보면 배와 육지의 거리가 불과 한 오십 칸쯤 되었다고 하지요. 여기서 오십 칸은 지금의 단위로 하면 100미터 정도에 해당하는 거리입니다. 그러면 베드로가 먼저 도착했을까요? 아니면 제자들이 탄 배가 먼저 도착했을까요? 호스킨스 같은 신학자는 베드로보다 제자들이 탄 배가 확실히 더 빨리 도착했다라고 단정합니다. 왜냐하면 성경에 그렇게 써 있으니까요.

① 먼저 "제자들이 육지에 도착했다"라는 말은 방금 본 8-9절 말씀에 나오지요. ② 그리고 베드로가 육지에 도착했다는 말은 그 아래 11절 말씀에 나오기 때문입니다. 왜 이렇겠습니까? 베드로가 겉옷을 입고 물로 뛰어들었잖아요. 당시 이스라엘 사람들이 입던 겉옷은요, 밤이 되면 찾아오는 추위를 이겨내기 위해 굉장히 두꺼운 천으로 만들어졌습니다. 그러니 그 두꺼운 겉옷을 입고 수영을 하는 베드로가 어찌 빨리 갈 수 있겠습니까? 그러니 베드로의 행동력은 뛰어난 반면, 지각력이 그걸 못 따라오는 거죠.

지금 겉옷까지 다 두르고서 물속에 뛰어드는 것이 과연 예수님에게까지 더 빨리 당도할 수 있는 방법인지 생각조차 해 보지 않았다는 것입니다. 그냥 막무가내로 뛰어내리기부터 하는 스타일인 것입니다. 그러니 ① 사려 깊지 못하고, ② 충동적이다라는 단점이 베드로에게 있던 것입니다.

　1) 나는 행동력이 뛰어난 스타일입니까? 지각력이 뛰어난 스타일입니까?

　2) 혹시 베드로와 같은 스타일이라면 나에게 어떤 변화가 필요할까요?

　　물론 상상입니다만, 분명히 먼저 출발하긴 했는데, 겉옷 때문에 수영하기가 힘들어 버둥거리는 베드로를, 그물을 다 걷어 올린 다음 늦게 출발한 제자들의 배가 옆으로 지나가는 모습을 상상하면 참 웃음이 나옵니다. 늦게 출발한 배가 헤엄치던 베드로를 역전할 때, 제자들은 베드로를 보고 '쟤 뭐하나?' 이런 생각을 했을 것 같습니다. 베드로도 "나 좀 태워줘"라고 말하고 싶었겠지만, 성경에 그런 말이 없는 것을 보면 자존심 때문이든, 아니면 그물 끌어올리느라 고생하던 제자들을 버려두고 자기 혼자 홀랑 뛰어내린 것이 미안해서든 그런 이유 때문이었겠죠. 그러니 머리가 나쁘면 몸이 고생이라던 어르신들의 말처럼 지각력보다 행동력이 너무 앞서면, 늘 고생인 겁니다.

두 제자 III: 베드로와 요한

요한복음 21장 7-11절

우리 성도님들은 누구와 같은 스타일이십니까? ① 지각력이 뛰어나지만 행동력이 떨어지는 요한과 같습니까? ② 아니면 행동력은 앞서지만 지각력이 떨어지는 베드로와 같습니까? 어느 쪽을 닮았든 결국 온전하지 못하다는 것입니다. 즉, 치명적인 약점을 가지고 있다는 것이지요. 그리고 이런 치명적인 약점은 우리로 하여금 하나님께 쓰임 받지 못하게 하는 약점이 되고, 또는 하나님의 일을 하더라도 그르치게 되는 결정적 약점이 된다는 것입니다.

1. 동역

그렇다면 우리가 결국 온전함을 이루려면 어떻게 해야 할까요? 사도행전 초반에 보면 참 재밌게도 베드로와 요한이 껌딱지처럼 딱 붙어 다니는 것을 볼 수 있습니다. 예수님께서 살아 계실 때에는 서로가 서로를 경쟁 상대로 느껴서인지, 그렇게 사이가 좋아 보이지 않았었는데 말이지요.

왜 그랬을까요? 여러 가지 이유가 있겠지만, 그중에 하나는 분명 서로가 서로에게 보완제의 역할을 해 주었기 때문입니다. ① 지각력 은 뛰어나지만 행동력이 약한 요한에게는 자기와 반대인 베드로가 필요했고, ② 행동력은 뛰어나지만 지각력이 약한 베드로에게는 자기 와 반대인 요한이 필요했던 것이지요. 그러므로 서로 보완해 줄 수 있는 사람들과의 동역은 좋은 시너지 효과를 낼 수 있습니다.

2. 연합

그런데 성도님들, 이렇게 나의 약점을 보완해 줄 사람과 동역하는 것, 반대로 나의 장점이 그 사람의 약점을 보완해 줄 수 있는 대상과 함께 동역하는 것도 좋은 방법이긴 하지만, 절대로 이것이 근본적인 해결책이 될 수는 없습니다. 왜냐하면 사람에 대한 신뢰가 한결같거나 사람과의 관계가 영원할 수 없기 때문이지요.

그렇다면 우리가 제대로 된 온전함을 갖추기 위해서는 어떻게 해야 하느냐? 성도님들, 이렇게 확실한 약점을 가진 제자들에게 누가 찾아오셨습니까? 부활하신 예수님이 그들을 찾아오셨습니다. 즉, 주님을 만나고, 주님과 동행하며, 주님 안에 거하는 것 그리고 그 과정 가운데 나를 깎아내고, 나를 십자가에 못 박아 죽이고, 결국 내 안에 예수 그리스도가 온전히 살게 하는 것 그러므로 약점 많은 나를 죽이고, 완전한 예수 그리스도가 내 안에 살게 하는 것, 이것밖에 는 없습니다. 이것을 성경은 그리스도와 연합이라고 하는 것입니다.

즉, 그리스도와의 연합만이 우리의 온전함을 이루는 유일한 방법인
것입니다.

1) 나의 약점을 보완해 줄 사람 그리고 나의 강점이 상대의 약점을 보완해 줄 사람, 그런 동역자가 주변에 있습니까?

2) 예수 그리스도와의 연합을 위해 나는 어떻게 되어야 합니까?

남은 이야기

밤이 새도록 빈 그물을 올리던 베드로와 요한 그들의 인생은 밤새도록 던졌던 빈 그물같이 결핍과 공허의 상태였습니다. 하지만 그들은 이제 불완전한 자신을 벗어던지고, 완전하신 예수 그리스도에게로 나아갑니다. 그리고 결국 이들이 어떻게 변화되었나 보십시오.

1) 먼저 베드로는요

사도행전 전반부의 주인공으로 역시나 행동력이 뛰어난 열정적인 선교자의 모습을 보여줍니다. 그리고 베드로전·후서를 읽어 보셨습니까? 이게 정말 그 베드로가 쓴 것이 맞는가? 하는 생각이 들 정도로 엄청나게 뛰어난 지각력으로 예수 그리스도를 증거하고 있음을 볼 수 있습니다.

2) 그리고 요한

요한계시록, 요한 1서, 2서, 3서 그리고 가장 중요한 요한복음. 요한이 쓴 책들만 봐도 그의 지각력은 여전히 뛰어나다는 것을 알 수 있습니다. 그리고 밧모섬에 유배를 다녀와서는 80세가 훌쩍 넘은 고령의 나이임에도 불구하고 예수님께서 십자가 위에서 자신에게 부탁하신 어머니, 마리아를 등에 업고, 예루살렘에서 에베소까지, 그 먼 곳까지 가서는 그때부터 이단과 맞서 싸우는 열혈 사도의 모습을 보여줍니다. 둘 다, 빈 그물의 인생으로 끝날 확률이 높았던 부족함의 사람들이었는데, 예수 그리스도와 연합한 이후 하나님의 뜻을 이루는 만선의 인생이 된 것을 볼 수 있습니다.

2 7 과
속에서부터 흘러나오는 회개의 눈물
마태복음 26장 31-75절

때는 2,000여 년 전, 유월절 전날 밤, 바로 예수님께서 십자가의
죽음을 목전에 두고 계신 그날 밤이었습니다. 예수님께서는 제자들을
향해 이런 예언적 말씀을 하십니다. "오늘 밤, 너희가 다 나를 버리리
라"(마 26:31). 특별히 베드로에게는 "오늘 밤 닭 울기 전에 네가 세
번 나를 부인하리라"라고 말씀하십니다(마 26:34). 그러자 자기 앞에
놓여 있는 시험이 얼마나 큰 시험인지 상상조차 하지 못하던 베드로가
발끈해서 이렇게 이야기합니다. "모두 주를 버릴지라도 나는 결코
버리지 않겠나이다"(마 26:33). "내가 주와 함께 죽을지언정 주를 부인
하지 않겠나이다"(마 26:35). 게다가 누가복음 22장 33절 말씀을 보면
"주여 내가 주와 함께 옥에도, 죽는 데에도 가기를 각오하였나이다"라
고 확신에 찬 장담을 늘어놓습니다.

그러고 몇 년 혹은 몇 달이 지난 것도 아닙니다. 심지어 며칠이
지난 것도 아니었습니다. 바로 그날 밤 베드로의 이 확신과 결심이
산산이 무너지는 것을 볼 수 있습니다.

1. 멀찍이

이제 예수님께서 잡히셨습니다. 그러자 베드로는 잡히신 예수님을 몰래 따라갑니다. 그런데 이때 베드로의 모습에 대해 공관복음에서는 공통적으로 굉장히 의미 있는 표현을 쓰고 있습니다. 베드로가 예수님을 멀찍이 따라갔다는 것입니다 마 26:58, 막 14:54, 눅 22:54). 좀 전의 호언장담과는 너무 다르지요?

2. 부인

이제 베드로가 대제사장의 집 바깥뜰에 앉아 있는데, 한 여종이 베드로를 알아보고서는 "너도 갈릴리 사람 예수와 함께 있었지?"라고 묻는 겁니다. 그리곤 잘 아시다시피 제대로 된 저항 한 번을 못 한 채 고스란히 예수님을 부인합니다. 그것도 세 번씩이나요. 심지어 오늘 본문 74절 말씀에 보면 예수님을 모른다는 것을 강조하려다 저주하며 맹세하기까지 했다고 합니다.

3. 닭이 울다

바로 그때 닭이 웁니다. 닭이 울 때 ① 마태복음이나 마가복음에서는 "그때 예수님께서 닭 울기 전에 네가 세 번 나를 부인하리라 하신 말씀이 생각났다"라고만 기록되어 있는데요. ② 누가복음에서는 아주 특별한 장면이 하나 덧붙여 나옵니다. "베드로가 이르되 이 사람아

나는 네가 하는 말을 알지 못하노라고 아직 말하고 있을 때에 닭이 곧 울더라 주께서 돌이켜 베드로를 보시니 베드로가 주의 말씀 곧 오늘 닭 울기 전에 네가 세 번 나를 부인하리라 하심이 생각나서"(눅 22:60-61).

주께서 돌이켜 베드로를 보셨다는 것, 즉 닭이 우는 그 순간, 예수님과 베드로의 눈이 딱 마주쳤다는 것입니다. 그렇게 주님과 눈이 딱 마주치는 순간, 드디어 베드로가 깨닫게 됩니다. 자신의 호언장담, 자신의 굳은 결심, 이런 것들은 진짜 아무것도 아니라는 것을요.

4. 심하게 통곡하니라

이 깨달음이 오는 순간, 베드로는 밖으로 뛰쳐나가 심하게 통곡했다라고 합니다(75절). 여기서 심히 통곡했다는 말이 헬라어로 '클라이오'인데, 이것은 앞이 보이지 않을 정도로 눈물을 흘렸다는 의미입니다. 결국 이 눈물이 베드로를 회복시킵니다.

5. 회복을 위한 눈물

우리의 신앙을 다시 뜨겁게 회복하기 위해서 꼭 필요한 것 한 가지가 있다면, 그것은 바로 앞이 보이지 않을 정도로 흘리는 회개의 눈물인 것입니다. 그것도 겉이 아니라 속에서부터 흘러나오는 애통의 눈물로 주님께로 다시 나아가는 회개의 시간이 필요한 것입니다.

나눔

1) 지금까지 나의 회개는 겉의 회개였습니까? 속의 회개였습니까?

2) 뉘우쳤던 나의 잘못이 계속해서 반복되고 있다면 나의 회개에
는 어떤 문제가 있었던 것일까요?

맨발의 전도자라고 불린 인도의 선다 싱이 강물 속에 손을 넣은 후 조약돌 하나를 집어 올리면서 사람들에게 이렇게 물었습니다. "여러분, 지금 이 돌의 표면은 젖어 있습니다. 그런데 제가 이 돌을 반으로 쪼개 보겠습니다. 그럼 이 돌 속은 젖어 있을까요? 아니면 말라 있을까요?" 당연히 말라 있겠지요. 이것이 무슨 이야기냐? 딱딱한 돌은 수십 년 혹은 수백 년 동안 강물에 잠겨 있다 할지라도, 그 속에는 아무런 변화가 없다는 것입니다. 그러니 이러한 돌멩이 같은 심령을 가진 성도들은 은혜를 받을 수 없습니다.

그러니 변화도 일어나지도 않습니다. 교회를 수십 년 넘게 다녔고, 신앙생활을 수십 년 넘게 했어도, 그 속에 흐르는 은혜의 강수가 없고, 그 속에서부터 흘러나오는 은혜의 감격이 없으면 이렇게 돌멩이처럼 자신의 속을 주님께 열어젖히지 못한 사람이 되면 절대로 회복될 수 없는 것입니다. 그렇다면 이 딱딱한 돌멩이 같은 심령을 깨뜨리는 것이 무엇인지 아십니까? 먼저는 주님과의 눈을 마주치는 것입니다. 그 순간, 말뿐이었던 자신의 진짜 모습을 보게 되거든요. 그리고 베드로와 같이 눈앞을 가릴 정도로 그 속에서부터 흘러나오는 눈물, 그 눈물의 회개가 필요한 것입니다.

28과

두 번째 기회

요한복음 21장 15-19절

　　예수님의 제자들 중에서 예수님께서 부활하셨다는 소식을 들었을 때, 가장 많은 감정이 교차했을 것 같은 제자가 누구였겠습니까? 당연히 베드로일 겁니다. 분명히 기쁜데, 분명히 좋은데, 문제는 예수님께서 잡히시던 날 밤 자기가 예수님을 세 번이나 부인하고, 심지어 저주까지 한 걸 예수님은 다 알고 계시잖아요. 그러니 예전처럼 예수님 앞에 자신 있게 나설 자신이 없는 것입니다.

　　그런데 이런 베드로를 예수님께서 따로 부르셔서 물으십니다. "요한의 아들 시몬아, 네가 이 사람들보다 나를 더 사랑하느냐?" 아마 예전의 베드로였다면요. "당연하지요"라고 호언장담을 했을 겁니다. 그런데 이번에는 그러기가 쉽지 않지요. ① 만약 "네, 사랑합니다"라고 하면, "뻥치고 있네. 그럼 너 그때 왜 그랬어?" 이러실 것 같고 ② 반대로 "아닙니다. 안 사랑합니다"라고 하면, "그러니 그때 날 배신했지. 이 배신자야!"라고 하실 것 같지 않겠습니까? 그런데 이 간단한 예수님의 질문에는 특이한 것이 세 가지나 있습니다.

1. 첫 번째는 그때 부르신 베드로의 이름입니다

요한의 아들 시몬이라고 하셨지요. 시몬은 베드로의 원래 이름입니다. 우리가 잘 아는 반석이란 뜻의 베드로는 예수님을 따르게 되면서 얻게 된 새 이름이었습니다. 그런데 베드로라는 이름을 누가 붙여주셨습니까? 바로 예수님이십니다(요 1:42). 그런데 여기서 예수님께서는 본인이 붙여준 새 이름, 베드로라고 부르시지 않고, 옛 이름, 시몬이라고 부르고 계십니다. 왜요? ① 지금 이 제자의 마음이 과거로 역류하고 있기 때문입니다. ② 옛날처럼 물고기나 잡겠다 하고 있기 때문입니다.

2. 그래서인지 그다음 하시는 말씀이 "이 사람들 보다"입니다

"이 사람들보다"라는 말은 헬라어로 '투톤'인데요. 이 단어는 두 가지 뜻으로 번역될 수 있습니다. ① 먼저는 오늘 본문에 번역된 것 같이 "이 사람들보다"이고요. ② 다른 하나는 "이것들보다"라고 어떤 사물을 가리키는 말로도 번역이 될 수도 있습니다. 이 둘 중 어느 쪽으로 번역하든 잘못된 번역은 아닙니다.

1) 하지만 만약 "이 사람들보다"라는 말로 번역한다면, 이 사람들은 누구를 가리킬까요?

아마 베드로와 함께 밤새도록 고기잡이를 하다가 지금은 부활하신 예수님을 만나 한 자리에서 식사를 하고 있는 나머지 여섯 명의 제자들일 것입니다. 이렇게 보면 예수님께서 이런 비교식 질문을 하신다는 것은 좀 어색한 면이 있지요?

2) 하지만 "이것들보다"라고 해석한다면 어떻습니까?

여기서 이것들은 지금 베드로의 눈앞에 보이는 것들일 겁니다. 갈릴리 바닷가에 매어 놓은 고깃배, 놓여 있는 떡, 물고기 등등. 혹시 23과에서 "얘들아, 너희에게 고기가 있느냐"라는 말씀을 해석해 드린 것을 기억하십니까? "거기에 정말 귀한 것이 있느냐? 그곳에는 진정한 가치가 있더냐?"라는 말이었죠. 그러므로 "네가 이것들보다 나를 더 사랑하느냐?"라는 것은 "네가 세상에서 얻을 수 있는 그 수많은 귀중한 가치들보다 나를 더 사랑하느냐?" 이렇게 해석할 수 있는 것입니다.

3. 그래서 이어서 하시는 말씀이 "네가 나를 사랑하느냐?"입니다

이 말씀은 많은 성경학자의 흥미를 일으킨 말씀입니다. 먼저 어떤 학자들은 "왜 똑같은 질문을 세 번씩이나 하셨을까?"라고 질문하면서 "아마 세 번이나 예수님을 부인한 베드로를 온전히 회복시키고자 하신 배려일 것이다"라고 대답합니다. 즉, ① 이전 세 번의 사랑 고백에 실패한 제자에게, ② 다시 세 번씩이나 사랑 고백의 기회를 주시는 것이라고 합니다. 그러므로 주님께서는 실패한 자에게 반드시 두 번째 기회를 주시는 분이시라는 겁니다.

나눔

　우리의 과거가 어떠하든, 과거에 어떤 실패를 해 왔든 우리가 하나님께로만 돌아오면 하나님은 두 번째 기회를 주시는 분이시고, 이전보다 더 큰 기회를 주시는 분이십니다. 그런 경험이 있나요? 아니면 그런 기대가 있나요? 있다면 나누어 봅시다.

마이크로소프트사의 빌 게이츠가 쓴 『미래로 가는 길』이란 책에
보면 이런 글이 있습니다.

나는 내 기업을 경영하던 초기에는 성공의 가능성, 성공의 경험만을
가지고 사람을 쓰고 고용했지만 이제는 생각이 달라졌다. 난 이제 되도
록 실패의 경험을 가진 사람을 고용하고자 한다. 왜냐하면 실패도 자산
이기 때문이다. 그러나 난 무조건 실패한 사람을 쓰겠다는 것은 아니다.
난 그들에게 실패를 통해 무엇을 배웠는가를 먼저 묻고자 한다.

빌 게이츠가 뭐라고 한 겁니까? 실패의 경험을 통해 배움을 얻은
사람이 성공만 해 본 사람보다 낫다는 것입니다. 그런데 성경을 보면
하나님께서도 실패의 경험을 통해 배움을 얻는 사람을 잘 쓰시는
것을 볼 수 있습니다. 아브라함, 모세, 삼손, 다윗, 요나 등 이름만
대도 알 수 있는 너무나 위대한 이들 모두 사실은 하나님께 다시
한번 기회를 받은 사람들인 것입니다. 그래서 한 성경학자는 이런
하나님을 두고 "God of the second chance"(두 번째 기회를 주시는
하나님)라고 했습니다.

2 9과

요한복음 21장 15-17절

"네가 나를 사랑하느냐?" 이 말씀을 헬라어 원어로 보면 사랑이라는 단어가 두 가지로 쓰여 있습니다. ① 예수님께서 베드로에게 처음 두 번 "네가 나를 사랑하느냐"라고 물으실 때, 사랑이란 말은 헬라어로 아가페의 사랑으로 질문하고 계십니다. 아가페의 사랑, 자신의 모든 것을 희생하는 절대적 사랑이지요. ② 그런데 베드로가 "내가 주님을 사랑하는 줄 주님께서 아시나이다"라고 대답할 때 사용한 사랑은 아가페가 아닌 필로스의 사랑으로 대답합니다. 필로스의 사랑은 우정적인 차원의 사랑이라고 할 수 있지요. 그러니까 절대적인 사랑으로 나를 사랑하느냐고 물으신 예수님의 질문에 베드로는 "인간 차원의 사랑으로 사랑합니다"라고 대답했다는 것입니다.

그러다 결국 예수님께서 세 번째로 "네가 나를 사랑하느냐?"라고 물으실 때는 더 이상 아가페를 사용하지 않으시고, 베드로가 사용하던 필로스를 사용하며 물으시는 것을 볼 수 있습니다. 왜 그랬을까요?

유력한 설은 요한복음 전체를 헬라어 원문으로 읽어 보면, 아가페와 필로스를 특별한 구분 없이 사용하니까, 여기서도 큰 차이 없이 사용되고 있다는 것입니다. 하지만 의미를 두자면 이미 한 번 큰소리 쳤다가 처절하게 실패한 베드로가 차마 아가페의 사랑으로 예수님을 사랑한다고 말할 수 없었을 것이라고 보는 겁니다. 그러면 예수님께서 는 왜 "너는 나를 아가페의 사랑으로 사랑한다고 말하지 않느냐?"라고 따지지 않으셨을까요? 이유는 눈높이를 낮추셨기 때문입니다. 한때 "모두 주를 버릴지라도 나는 결코 주님을 버리지 않겠나이다"(마 26:33) 라고 자신 있게 고백했던 베드로인데, 오히려 세 번씩이나 철저하게 그리고 처절하게 실패하지요.

이것을 다 아시는 예수님께서 "그래, 이번에는 네가 할 수 있는 최선의 사랑으로라도 나를 사랑하렴, 그거면 충분해"라고 하시는 것입니다.

1. 세 번의 질문? 세 번의 고백!

하지만 반대로 이것은 대신 "너를 향한 나의 아가페 사랑은 결코 변하지 않을 것이다"라는 말씀이기도 한 것입니다. 자꾸 이걸로 설교 하시면서 아가페와 필로스가 다른 사랑이라는 것을 강조하시는 분들 이 많으신데, 예수님께서 베드로에게 물으신 것은 사랑의 종류가 아니라, "진심으로 네가 나를 사랑하느냐? 그럼에도 나는 너를 끝까지 사랑할 것이다"를 말씀하신 겁니다. 그러므로 베드로는 지금 예수님 으로부터 ① "나를 사랑하는냐?"라는 세 번의 질문을 받은 것이 아니 라 ② "나는 너를 끝까지 사랑할 거다"라는 세 번의 사랑 고백을 받은 것입니다. 이 후에 나오는 네 양을 먹이라는 말씀은 의무를 말씀하신 것이 아니라 다시 신뢰한다는 것을 말씀하신 것이니까요.

2. 사랑의 힘

비록 가장 중요한 순간에 무참하게 예수님을 배신해 버렸던 베드로이지만, 예수님의 이 세 번의 사랑 고백을 통해 자신을 향한 예수님의 사랑은 여전히 변함없다는 것을 가슴 저리게 실감하게 된 것입니다. 그리고 이런 예수님의 사랑 고백이 상한 갈대와 같고, 꺼져가는 등불과 같았던 베드로의 심령을 다시 타오르게 합니다. 즉, 사랑으로 말미암아 베드로는 치유되기 시작합니다.

세 번씩이나 예수님을 부인하면서 입었던 깊은 상처가 아물고 있었습니다. 쓰러진 자리에서 다시 일어나 걸을 수 있는 새 힘을 얻게 되었습니다. 왜요? ① 사랑에는 놀라운 치유의 능력이 있기 때문입니다. ② 특히 사랑에는 모든 깨어진 관계를 회복하는 치유의 능력이 있기 때문입니다. ③ 그리고 사랑에는 무너져 내린 모든 심령을 되살리는 치유의 능력이 있기 때문입니다.

3. 마지막 한 단계

그런데요. 이제 이 사랑이 완성되려면, 마지막 한 단계가 더 남아 있습니다. 예수님의 사랑 고백에 베드로가 어떻게 했습니까? 베드로 역시 사랑 고백을 하지요. 내가 주님을 사랑하는 줄 주님께서 아시나

이다. 그러므로 이 사랑이 완성되려면, 이 치료가 완성되려면 이제는
주님을 향한 우리의 사랑 고백이 필요한 것입니다.

　"주님, 제가 참 부끄럽고 민망하지만, 저도 주님을 사랑합니다.
이제야 주님만이 나를 진정으로 사랑하신다는 것을 알게 되었습니다.
지금 내 모습 참 부끄럽지만 그리고 이제야 이런 말씀을 드려 너무나
민망하고 죄송하지만, 저도 주님을 사랑합니다." 우리가 이 고백을
할 때, 우리의 상처가 아물고, 우리의 상한 마음들이 나음을 입는
회복의 은혜를 입게 될 줄로 믿습니다.

예수님께서 나를 사랑하신다는 말씀은 성경의 곳곳에 잘 드러나 있습니다. 그렇다면 나는 얼마나 진심으로 예수님을 사랑한다고 고백하고 있나요? 혹시 주님과의 관계에서 사랑을 받기만 좋아하고, 주기는 어려워하지 않습니까?

예전에 어떤 수필 작가가 쓴 한국인의 포장 감각에 관한 글을 읽어 본 적이 있습니다. 그분에 의하면 서양 사람은 '가방 사고'를 하는 반면, 한국 사람은 '보자기 사고'를 한다고 하더라고요.

그러면 가방에 비해 보자기의 장점이 무엇일까요? 뭐 여러 가지 있겠지만, 가장 큰 장점이라고 한다면 크기나 모양을 막론하고 두루 감싸는 데는 가방보다 보자기가 용이하다는 것입니다. 그러니 보자기 사고, 참 좋아 보이지만, 반대로 보자기 사고를 한다는 말은 자기 본심을 포장하여 다른 사람이 감지할 수 없게 하는 경향이 크다는 것입니다. 즉, 그 안에 뭐가 들었는지 잘 알 수가 없다는 것이지요.

이걸 사람에게 적용하면 한국 사람은 자기 감정을 잘 노출하지 않는다는 것입니다. 보자기처럼 싸고 싸매어 남이 그 속내를 잘 보지 못하도록 하는 데 익숙하다는 것입니다. 그래서 이분의 주장에 따르면 부부 사이나 부모-자식 간에서조차 감정 표현이 매우 인색한 것은 바로 이와 같은 문화적이고, 민족적인 성향 때문이라고 합니다.

그러고 보니 우리는 사랑한다는 말을 입에 담는 것을 퍽이나 쑥스러워합니다. 심지어 함부로 사랑한다고 말하고 다니면 경솔한 사람으로 여겨지는 경우도 적지 않습니다. 하지만 주님께는 진심을 다해 자주 하셔야 합니다. 왜냐하면 예수님과 우리 사이에 사랑의 고백이 오고 가는 그 자리에서는 실로 엄청난 일들이 일어나기 때문입니다. 그러니 마음을 열고 주님 앞에 엎드려 "주님 사랑합니다" 하고 고백

하기만 하면 이 한마디가 말로 다 할 수 없는 놀라운 변화를 일으키게
되는 것입니다.

30과

너는 나를 따르라

요한복음 21장 18-23절

지난주에 본 것처럼 부활하신 예수님과 베드로는 서로에 대한 사랑을 확인합니다. 그 직후 베드로에게 아주 중요한 예언의 말씀을 하십니다. "네가 젊어서는 스스로 띠 띠고 원하는 곳으로 다녔거니와 늙어서는 네 팔을 벌리리니 남이 네게 띠 띠우고 원하지 아니하는 곳으로 데려가리라"(18절). 그리고 이어지는 19절 말씀에서는 더 정확하게 말씀하십니다. "이 말씀을 하심은 베드로가 어떠한 죽음으로 하나님께 영광을 돌릴 것을 가리키심이러라." 바로 베드로의 순교에 대한 예언이었습니다. 그리고 마지막으로 베드로에게 뭐라고 당부하시느냐? "나를 따르라."

1. 비교 의식

그런데 이 말을 들은 베드로가 이 때 참 이상한 행동을 합니다. 20절 말씀을 보시면 "베드로가 돌이켜 예수께서 사랑하시는 그 제자가 따르는 것을 보니"라고 하지요. 여기서 예수께서 사랑하시는 그 제자가 누굽니까? 바로 사도 요한입니다. 그러니까 베드로가 지금 자기 뒤에 요한이 있는 걸 알고는 돌아보면서 "주님 이 사람 어떻게 되겠사옵나이까?"라고 물어본 것입니다. 아니, 지금 자기의 최후를 말씀하시면서 나를 따르라고 말씀하시는 예수님께 "예"라고 대답을 해도 시원찮을 판에, 뒤에 있는 요한을 쳐다보고는 "얘는 어떻게 되나요?"라고 묻는 것입니다. 그러니 이 순간 베드로의 마음속에는 참으로 쓸데없는 비교 의식이 일어났던 것 같습니다. ① 저는 죽는다면서 요한은 어떻게 됩니까? ② 저한테는 순교하라고 하시면서 요한은 평안히 살게 하시는 것 아닙니까? 하는 이런 비교 의식입니다. 또 일종의 항변도 들어 있지요. ① "아니 왜 저에게만 주님을 따르라고 하십니까?" ② "아니 요한에게는 왜 순교하라고 하지 않으십니까?" 이때 예수님께서는 부활하신 후 처음으로, 베드로에게 책망조로 말씀하십니다. "내가 올 때까지 그를 머물게 하고자 할지라도 네게 무슨 상관이냐? 너는 나를 따르라"(22절).

2. 상대적인 것이 아니라 절대적인 것

이 말씀은 예수님께서 요한에게는 뭘 어떻게 하시든지, 요한을 어떤 모습으로 쓰시든지 그것이 베드로 너와는 아무 상관이 없다는 말입니다. 다시 말해 베드로가 예수님을 따라야 하는 것은 상대적인 것이 아니라 절대적인 것이라는 뜻이지요.

3. 그렇다면 성도님들 왜 자꾸 비교하는 마음이 드는가?

주변을 너무나 의식하기 때문입니다. 지금 베드로도 ① 자기 앞에 계신 예수님만 바라보고 있어야 하는데 ② 자꾸 뒤에 있는 요한을 쳐다본 것입니다. ① 자기 앞에 계신 예수님만 바라보고 있어야 하는데 ② 주변의 상황이나 사람을 쳐다보면 꼭 비교 의식 때문에 문제가 생기는 겁니다.

베드로가 왜 요한을 그토록 신경 썼을까요? 예수님께서 십자가에 달리시기 전날 밤 예수님께서는 제자들 모두 자신을 버리고 도망갈 것을 예언하셨을 때, 그때 베드로는 "다 버릴지라도 나는 그리하지 않겠나이다"라고 대답합니다(막 14:29). 잘 생각해 보시면 이게 무슨 말입니까? "야고보도 주님을 버리고, 안드레도 주님을 버리고, 마태도 주님을 버리고, 도마도 주님을 버리고, 그렇게 다 버려도 나는 버리지 않겠습니다"라는 비교 의식 가득한 대답입니다.

그런데 자기는 세 번이나 예수님을 부인하면서, 심지어 마지막에는 저주까지 하며 도망쳤는데, 이에 비해 지금 자기 뒤에 있는 요한은 대제사장의 집에도, 재판장에도, 심지어 골고다 언덕까지 예수님을 따라갔었거든요. 그러니 요한이 예수님으로부터 자기보다 더 좋은 평가를 받을까? 자기보다 더 많은 축복을 받을까? 자기보다 더 나은 사명을 받을까? 이런 것이 신경 쓰이는 것입니다. 결국 바라보아야 할 곳이 예수님이 아니라 주변의 사람이나 상황이 되면 이런 비교의 문제들이 생기는 것입니다.

나눔

우리가 다른 이들과 굳이 비교해야 할 뭐 특별한 이유라도 있습니까? 한 번 생각해 보시지요. 우리가 하나님의 은혜를 적게 받았습니까? 아니면 우리가 하나님의 사랑을 부족하게 받았습니까? 예수님께서 나를 위해 십자가 흘려주신 보혈의 은혜를 우리 중에 못 받은 사람이 누가 있습니까? 하나님께서 독생자까지 내어주신 그 사랑을 못 받은 사람이 누가 있습니까? 그런데도 무슨 비교가 필요합니까?

비교하는 사람은 아무리 가지고 가져도 영원히 만족을 누리지 못합니다. 축복을 받고 또 받아도 마음껏 누리지를 못합니다. 그냥 다른 사람과 비교하다, '왜 나는, 왜 나는' 하며 속만 뒤집힐 뿐입니다. 불필요한 열등감에 계속 고통만 당할 뿐입니다. 그러므로 참된 그리스도인에게는 주님 한 분이면 충분한 것입니다. 비교하며 불평할 것이 아니라 그저 감사만 있으면 되는 것입니다. 그래서 예수님께서도 베드로에게 콕 찍어 "너는 나를 따르라"라고 말씀하신 것입니다. 그러므로 우리는 우리의 눈을 고정시켜 주님만 바라보고 있으면 감사와 기쁨이 넘치게 되고, 사명도 잘 따를 수 있는 것입니다. 주님이 전부이시니까요.

/

Part 4

지렁이 같은 너 야곱아

: 축복의 사람이 되기 위한
놀라운 변화의 과정

3 1 과

하나님의 선택 Ⅰ

창세기 25장 21-26절

엿장수 마음대로라는 말이 있습니다. 어린 시절 엿 바꿔 먹으려고 고철이나 플라스틱이나 어디서 주운 쓰레기를 들고 가면 엿을 떼어주는 양이 엿장수의 마음대로라서 생긴 말이지요. 저도 어릴 때 그런 기억이 있습니다. 저는 분명히 큰 걸 가져왔는데 조금 주고 옆에 있는 친구는 작은 걸 가져왔는데도 많이 주는 것입니다. 이게 맘에 안 든다고 제가 왜 그러냐고 아저씨께 물어봤더니 돌아온 대답이 무엇인지 아십니까? "내 맘이다 왜?"였습니다. 엿장수 마음대로라는 것이지요.

1. 고정관념 타파

에서와 야곱은 쌍둥이로 태어났습니다. 에서가 형, 장남이고, 야곱이 동생, 차남이지요. 유대인들의 전통에 의하면 ① 보통 장남을 통해서 하나님의 섭리가 펼쳐진다. ② 장남을 통해서 하나님의 뜻이 승계된다는 것이 묵인된 상식이었습니다. 그래서 율법에도 보면 아버지가

유산을 남길 때, 특별히 장남에게는 다른 아들들보다 갑절로 남기도록
되어 있습니다. 그 집안을 향한 하나님의 약속과 섭리를 이어가야
하는 장남에게 갑절로 상속 받게 해 그 뜻을 이루어가도록 하는 배려
때문이었습니다.

그런데 하나님께서는 에서가 아닌 야곱을 통해서 하나님의 뜻을
펼쳐가기로 작정하셨습니다. 그것도 태어나기 전에 이미 계시하셨습
니다. "여호와께서 그에게 이르시되 두 국민이 네 태중에 있구나 두
민족이 네 복중에서부터 나누이리라 이 족속이 저 족속보다 강하겠고
큰 자가 어린 자를 섬기리라 하셨더라"(23절). 이 예언에 따르면 ①
큰 자가 오히려 어린 자를 섬길 것이라고 합니다. ② 장남이 차남을
섬길 것이라는 말입니다. 이건 고정관념을 완전히 깨 버린 것입니다.
상식이 깨지고, 전통이 깨진 것입니다. 그렇다면 하나님께서 왜 이렇
게 하셨을까요? 답은 간단합니다. 하나님의 선택입니다.

2. 하나님의 선택 이유 — 하나님의 영광을 위해서

그렇다면 이러한 하나님의 선택에는 당연히 그만한 이유가 있겠
지요. 그 이유를 한두 가지로 압축하는 것이 사실상 불가능한 것이지
만, 우리 모두 야곱이 어떤 인생을 살았는지 결과를 이미 알고 있으니까.
하나님께서 야곱을 선택하신 이유가 무엇일지 한 번 알아보겠습니다.

하나님께서 에서가 아니라 야곱을 선택하신 이유? 하나님께서는
**강자도 쓰실 수 있지만, 약자도 쓰실 수 있다는 것을 보여주기 위해서였습니
다.** 실제로 이 세상에는 강자라고 생각되는 사람들보다 더 많은 약자가

살고 있습니다. 그러므로 하나님의 이 선택 속에서 우리와 같은 약자들은 희망을 발견할 수 있는 것입니다. 고린도전서 1장 26-27절 말씀을 보면 "형제들아 너희를 부르심을 보라 육체를 따라 지혜로운 자가 많지 아니하며 능한 자가 많지 아니하며 문벌 좋은 자가 많지 아니하도다. 그러나 하나님께서 세상의 미련한 것들을 택하사 지혜 있는 자들을 부끄럽게 하려 하시고 세상의 약한 것들을 택하사 강한 것들을 부끄럽게 하려 하시며"라는 말씀이 있습니다. 하나님께서 때로는 약한 자들을 택하셔서, 강한 자들을 놀라게 하시고, 부끄럽게 하신다는 것입니다.

그리고 이어지는 29절 말씀에 보면 약자를 선택하시는 가장 중요한 이유가 나옵니다. "이는 아무 육체도 하나님 앞에서 자랑하지 못하게 하려 하심이라." 보통 아주 지혜로운 사람이나 능력이 엄청나게 뛰어난 사람이 하나님의 일을 잘 해내면 우리는 뭐라고 말합니까? "그 사람 본래 똑똑한 사람이야, 그 사람 원래 능력 있는 사람이야"라고 하지요. 그런데 전혀 그럴 것 같지 않은 사람이 잘하면 뭐라고 합니까? "야, 정말 저 사람은 하나님께서 함께하시는 것 같아"라고 합니다. 그러므로 오직 하나님께서 영광을 받으시기 위해서 이렇게 약한 자들을 선택하신다는 것입니다.

나눔

하나님께서 나를 선택하신 이유 중 하나는 내가 약해서입니다. 약한 나를 통해 영광 받으실 하나님 자신을 위해서이죠. 그런데 나는 여전히 "하나님 나에게 강함을 주십시오"라고 기도하고 있지는 않습니까? 그 영광을 내가 받으려 하지는 않습니까?

아시시의 성자, 성 프란체스코에게 어느 날 한 제자가 이렇게 물어 보았답니다. 선생님, 하나님께서 선생님을 선택하셔서 이토록 놀라운 기적을 펼치고 있는 이유가 어디에 있다고 보십니까? 그러자 성 프란체스코가 이런 대답을 했다고 합니다. "어느 날, 하나님께서 이 지구를 내려다 보셨지. 그런데 참으로 연약하고, 겁이 많고, 소심하고, 부끄러워하며, 아무 일도 못하고 있던 나를 보신 거야. 그리고 하나님께서는 박수를 치셨어. 그래 바로 저 사람이야, 내가 저 사람을 통해서 나의 강함과 지혜로움과 놀라움을 나타낼 거야. 바로 이것이 내가 생각할 수 있는 그분이 나를 선택하신 유일한 이유일세." 이 세상의 전통과 상식 안에서 보면 나는 약자일 수 있습니다. 하지만 내가 약하다 하여 좌절하지 마십시오. 하나님께서는 나와 같은 약한 자를 택하셔서 하나님께서 영광 받으실 것입니다.

32과
하나님의 선택 II
창세기 25장 21-26절

　　우리 대부분 야곱에 대해선 잘 알지만, 야곱의 이름의 뜻에 대해선 잘 모르는 편입니다.

1. 야곱이란 이름의 뜻이 무엇입니까?

　　"후에 나온 아우는 손으로 **에서의 발꿈치를 잡았으므로** 그 이름을 야곱이라 하였으며 리브가가 그들을 낳을 때에 이삭이 육십 세였더라"(26절). 야곱이 야곱된 것은 형인 에서의 발꿈치를 잡았기 때문입니다. 그런데 이 야곱이라는 말을 좀 더 일반적으로 해석하면 꽉 붙드는 사람, 놓지 않는 사람, 빼앗는 사람입니다. 그러니까 조금 더 노골적으로 번역하면 강도 같은 인간이라는 뜻입니다. 그런데 이름이 참 중요하다고 진짜 야곱의 일생을 보면 이 이름 같은 인생을 삽니다. 뭘 쥐기 위해서, 뭘 붙들기 위해서, 무언가를 놓치지 않기 위해서, 바라던 목적을 달성하기 위해서 끊임없이 몸부림치는 인생이었습니다.

2. 변화

그렇다면 왜 하나님께서는 이런 도둑놈 같은 사람을 선택하셨을
까요? 도둑놈 같은 사람을 선택하셨다니, 하나님의 선택에 실수가
있었던 것은 아닙니까? 그렇지 않습니다. 하나님이 도둑놈 같은 야곱
을 선택하신 이유는 바로 변화를 위해서입니다. 그를 바꾸어주기
위해서입니다. 하나님께서는 다 알고 계셨습니다. 야곱이 얼마나 욕
심이 많은지, 야곱의 성향이 어떤지. **그럼에도 이런 사람조차도 축복의**
사람으로 바꾸어 주시겠다고 하는 것이 바로 하나님의 메시지인 것입니다.

3. 지렁이 같은 야곱 → 이스라엘

야곱의 평생에 얻는 아주 인상적인 두 가지 별명이 있습니다. ①
이사야 41장 14절 말씀에 보면 "지렁이 같은 너 야곱아"라고 했습니
다. 야곱을 뭐라고 했다고요? 꿈틀대는 지렁이입니다. ② 그리고
또 하나의 별명은 바로 이스라엘입니다. 그가 축복의 사람으로 인정받
게 되었을 때, 새로이 얻은 이름 바로 이스라엘입니다. 그러면 이
이스라엘의 뜻이 무엇입니까?

지금까지 우리 성도님들께서는 "하나님과 겨루어 이겼다"로 알고
계셨지요? 왜냐하면 이 이스라엘이라는 단어가 ① 하나님을 의미하
는 히브리어 '엘'에다가 '사라' 혹은 '사라르'라는 단어와 합쳐진 합성어
인데요. 그런데 ① '사라'라는 단어는 '다스리다', '통치하다'라는 뜻이
고 ② '사라르'라는 단어는 '끈질기게 다투어 이기다'라는 뜻입니다.

그래서 우리는 사라르라는 단어를 가지고, '하나님과 다투어 이겼다'로 알고 있는 것입니다. 그런데 참 재미있게도 이스라엘 사람들은 이것을 사라로 해석합니다. 즉, 이 이스라엘이라는 이름을 이스라엘 사람들의 방식대로 해석하면 "하나님께서 다스리신다"라는 뜻이 되는 것입니다. 그래서 어떤 영어 번역에는 이스라엘을 'prince of God', 하나님의 왕자라고 번역하고 있습니다. 그러니 지렁이 같은 야곱을 선택하신 이유가 무엇 때문입니까? 바로 하나님의 왕자로 변화시키기 위해서라는 것입니다. 이것이 바로 하나님의 선택의 이유인 것입니다.

혹시 선하고 아름다운 변화를 위해 고통을 감수해야 했을 때가 있나요?

유럽 왕가의 오랜 전통 가운데 하나는 딸이 시집을 가게 되면, 그 어머니가 딸에게 반드시 진주를 선물하는 것이라고 합니다. 다른 보석은 안 되고, 무조건 진주여야 한다고 합니다. 왜냐하면 이 진주를 영어로 'pearl'이라고 하는데요. 이 'pearl'이라는 단어는 얼어붙은 눈물이란 뜻을 가지고 있기 때문이라고 합니다. 진주는 땅에서 나오지 않는 유일한 보석입니다. 바다에서 나오는 보석이지요. 이 진주가 어떻게 만들어집니까? 진주는 본래 아비큘리대라고 불리는 굴속에서 나옵니다.

그런데 그 굴 안에 모래가 굴러 들어가면 굴은 두 가지를 선택할 수 있다고 합니다. 하나는 그냥 내버려 두는 것입니다. 그렇게 하면 별 고통을 느끼지 않는 대신 서서히 병들어 죽게 된다고 합니다. 그런데 그 모래알을 그대로 놔두지 않고 싸우면, 그 모래알을 감싸는 나카라는 물질을 생산할 수 있다고 합니다. 그러면 이 나카라는 물질이 모래알을 거미줄처럼 싸기 시작하고, 결국 그것이 진주가 된다고 합니다. 하지만 그 과정이 매우 고통스럽다고 합니다. 그러나 그 고통스러운 과정을 겪고 났을 때 진주가 탄생하는 것입니다.

반면 그 고통의 과정이 싫어서 그냥 내버려 두면 서서히 죽어버리고 마는 것입니다. 사랑하는 성도님들 하나님께서는 우리를 모래알이 아니라 진주로 부르셨습니다. 그래서 지렁이 같은 나를 하나님의 왕자로 바꿔가기를 원하시는 것입니다. 비록 그 변화의 순간이 고통스러울 수 있습니다. 하지만 그것이 하나님의 선택이고, 그 결과는 반드시 축복이라는 것을 믿으시기 바랍니다. 그러므로 내게 고통의 순간이 찾아오면 '나는 하나님의 선택을 받았구나'하고 생각하며 ① 이제 나는 모래알로 죽어갈 인생이 아니라 진주로 새로 태어나는 인생이다. ② 지렁이로 끝날 내가 아니라 하나님의 왕자로 새로 태어나는 나다. 이것을 믿으며 축복의 사람으로의 변화를 당당히 맞이하시고, 감사함으로 맞이하시는 성도님들 되시기를 주님의 이름으로 축원합니다.

33과
약점을 강점으로
창세기 25장 27-34절

  '느헤미야 미니스트리'의 대표이며, 리더십 분야에 관한 책으로 유명한 블레인 스미스라는 분이 계십니다. 이분의 책 가운데 재밌는 이야기가 있습니다.

  이분의 할아버지는 밀튼 스미스라는 분으로, 워싱턴 D.C.에서 꽤 유명한 경찰관이셨다고 합니다. 높은 지위에 있지는 않았지만, 사람들에게 굉장히 많은 사랑을 받는 인기 경찰관이셨고 해요. 그런데 할아버지에겐 별명이 하나 있었답니다. '난쟁이', '땅딸보.' 왜냐하면 키가 작았기 때문입니다. 그런데 스크랩해 놓은 할아버지에 관한 신문 기사를 읽어 보니 할아버지가 경찰관으로 어떤 업적을 세웠을 때면 꼭 "난쟁이가 문제를 해결하다, 혹은 땅딸보가 두 명의 범인을 체포하다." 이런 식으로 기사가 실리더라는 것입니다. 그러면서 할아버지가 많은 사람에게 땅딸보 경사, 난쟁이 경찰관으로 사랑을 받았다는 것도 알게 되었습니다.

  여기에서 블레인 스미스 목사님이 중요한 사실 하나를 발견하게 됩니다. 할아버지에게 있어서 키가 작다는 것은 놀림거리가 되기도 했지만, 반드시 약점만은 아니라는 것이었습니다. 오히려 키가 작은 것이 경찰관으로서 문제들을 해결했을 때는 더 큰 주목을 받게 되는 요소라는 것을 알게 된 것입니다. 즉, 약점이 오히려 강점이 될 수 있다는 것을 발견하게 된 것입니다.

그래서 블레인 스미스 목사님이 그 책에서 이렇게 이야기를 합니다. 인생을 살아가면서 가장 중요한 성공의 열쇠는 자기의 약점을 어떻게 강점으로 바꿔 갈 수 있느냐 하는 것입니다.

1. 야곱의 약점

실제로 야곱은 태어나면서부터 이미 약점을 가지고 태어났습니다. 첫째로 태어나지 못하고, 둘째로 태어났으니까요. 그래서 야곱은 끊임없이 원하는 것을 손에 쥐기 위해, 목표를 성취하기 위해, 수단과 방법을 가리지 않고 전진했던 사람이 됩니다. 그런데 그 과정에 있어서 정당하지 못한 방법을 동원하는 어두운 그림자를 남기게 됩니다.

오늘 본문에도 야곱이 시도하지 말아야 할 일을 시도하는 것을 보게 됩니다. 바로 형이 배고픈 순간을 이용해 장자권을 빼앗는 부당한 방법을 사용한 것입니다. 그런데 이런 야곱의 모습이 이번만이 아닙니다. 수단과 방법을 가리지 않고 목적을 달성하는 잘못된 모습은 뒤에도 계속해서 반복된다는 것을 성경을 통해 볼 수 있습니다. 어머니와 짜고 아버지께 장자의 축복을 받아낼 때도, 라헬을 아내로 얻기 위해 집착하는 모습도, 삼촌 라반의 재산을 강탈하는 모습에서도 야곱의 어두운 그림자는 항상 볼 수 있습니다. 그러므로 과도한 열망으로 인해 수단과 방법을 가리지 않는 것, 이것이 야곱의 가장 큰 약점인 것입니다.

2. 과도한 열망이 정당한 것으로 바뀔 때

그런데 약점만 보고 거기서 멈추면 더 이상 영적으로 발전할 일이 없습니다. 성도님들 야곱이 축복의 사람이 된 가장 큰 이유가 무엇입니까? 사실 야곱에게는 과도한 열망이라는 가장 큰 약점이 있었습니다. 하지만 그 과도한 열망이 하나님께 선택받고 싶다, 하나님께 쓰임받고 싶다는 열망으로 바뀔 때, 또 하나님의 약속에 대한 열망으로 바뀔 때, 이것이 가장 큰 장점으로 변화되는 것을 볼 수 있습니다. 이렇게 보면 야곱과 에서가 얼마나 대조적입니까? 에서는 당장 허기진 것을 면하기 위해서 내일을 포기한 사람입니다. 하지만 야곱은 내일을 위해서 오늘 자기가 먹을 떡과 팥죽을 포기할 줄 알았습니다. 즉, 내일을 위해서 오늘을 희생할 줄 알았던 것입니다. 야곱이 배고파 죽겠다고 고함을 치는 형 에서에게, "이것 먹고 싶으면 형의 장자의 명분을 오늘 내게 팔라"라고 하니, 에서가 무엇이라고 합니까? "에서가 이르되 내가 죽게 되었으니 이 장자의 명분이 내게 무엇이 유익하리요"(32절).

그리고 거기에 대해서 성경은 이렇게 해석을 합니다. "야곱이 떡과 팥죽을 에서에게 주매 에서가 먹으며 마시고 일어나 갔으니 에서가 장자의 명분을 **가볍게 여김이었더라**"(34절). 가볍게 여겼다는 것입니다.

이 말은 장자의 가치를 무시했다는 것입니다. ① 하나님께서 부여하신 장자의 권한이 가지고 있는 놀라운 가치, ② 하나님께서 부여하신 영적인 축복의 가치를 무시했다는 것입니다. 그래서 에서를 두고 히브리서 12장 16절 말씀은 이렇게 권면을 합니다. "음행하는 자와 혹 한 그릇 음식을 위하여 장자의 명분을 판 에서와 같이 **망령된 자가 없도록 살피라.**"

히브리서 기자는 장자권을 가벼이 여겨 야곱에게 장자의 권한을 팔았던 에서의 행위를 **망령된 일**이라고 말하고 있습니다. '망령되다'라는 말은 영어로는 'godless action'인데, '하나님이 없는 일' 혹은 '하나님을 무시한'이라는 뜻입니다. 이에 반해 야곱은 약점이 많은 사람이었지만, 그래서 수단과 방법을 가리지 않는 무모한 사람이었지만 딱 한 가지, 그에게는 하나님께 선택받고 싶다는 열망이 있었다는 것입니다. 즉, 하나님께서 부여하신 가치를 망령되이 여기지 않았다, 소중히 여겼다는 것입니다.

그러자 하나님께서는 이런 야곱의 마음속에 있었던 열망을 약점이 아니라 강점으로 인정해 주신 것입니다. 그래서 그가 마침내 약점을 강점으로 승화시킬 수 있도록 그의 인생을 붙들고, 싹 다 변화시키시는 것을 볼 수 있습니다.

1) 우리는 약점이 참 많다고 생각합니다. 그런데 그것이 왜 나의 약점이라고 생각하시나요?

2) 나의 관점에서 약점이 하나님께 강점이 되기 위해서, 또 하나님 앞에서 선하고 아름답게 사용되기 위해서 내가 변해야 할 것이 무엇인 가요?

서두에 블레인 스미스라는 목사님의 할아버지인 밀튼 스미스라는 경찰관의 이야기로 시작했었는데요. 블레인 스미스 목사님이 자기 할아버지에 대해서 이런 재미있는 이야기를 한 가지 덧붙이고 있습니다. 밀튼 스미스가 교통경찰이던 시절, 도로교통법을 위반한 한 여인을 붙잡았다고 합니다. 그런데 미국 경찰이 정말 무서우면서도 친절하지 않습니까? 마찬가지로 이 여인을 취조하는 과정에서 밀튼 스미스라는 경찰관이 정확하고 엄격한 동시에, 굉장히 친절하게 대해주었다고 합니다. 그래서 그 여인이 잘못한 것을 인정하게 하고, 다른 것에 대해서는 억울함이 없도록 잘 처리해 주었다고 합니다. 그런데 그 과정에서 그 여인이 감동을 받아 두 사람이 사랑에 빠졌고, 그 여인이 바로 자기 할머니가 되었다고 합니다. 그런데 만약 그 할머니가 교통법을 위반하지 않았더라면 할아버지를 만날 수 없었겠지요. 그래서 블레인 스미스 목사님이 강조하는 것이 무엇이냐? 하나님의 은혜는 우리의 넘어짐과 실패의 현장에서 더욱 아름답게 역사할 수 있다. 약점은 끝까지 약점이 아닙니다. 때론 약점 때문에 아름다운 결과를 가져올 수도 있습니다. 중요한 것은 약점조차도 얼마나 하나님 앞에서 선하고 아름답게 사용하는가 하는 것입니다.

34과

축복도 축복답게

창세기 27장 1-10절

　　몇 해 전 교회성장연구소라는 곳에서 한국교회 성도님들이 성경
의 인물 중 누구를 가장 좋아하는지에 대해 조사를 한 적이 있습니다.
그 조사에 의하면, 한국 교회 교인들이 가장 좋아하는 성경의 인물은
야곱이었습니다. 그런데 왜 그렇게 야곱을 좋아하는지에 대한 이유가
재미있습니다. 야곱에게는 ① 축복을 얻기 위해 포기하지 않는 열정,
② 또 하나님의 축복을 얻기 위한 집요한 자세가 있는데 이것이 한국
교회 성도님들의 마음에 들었다는 것입니다.

　　그래서인가요? 한국 교회 성도님들이 신앙생활의 특징을 말하라
고 하면 하나님의 축복을 받기 위해서라면 절대로 포기하지 않는 악착같은
열정과 기도입니다. 그런데 요즘 한국 교회 성도님들이 이 세상 사람들
에게 손가락질을 받게 된 가장 결정적인 이유 중의 하나도 바로 이것
때문입니다. 어떻게 하든지 수단과 방법을 가리지 않고 축복만 받으면
된다는 잘못된 열정 때문입니다.

　　오늘 본문에 등장하는 이삭, 리브가, 야곱이 세 사람은 모두 하나님

을 잘 믿고, 또 하나님을 잘 섬기던 사람들입니다. 심지어 믿음의 조상 계보에도 오른 사람들입니다. 그런데 이상하게도 오늘 본문에서 만큼은 하나같이 자기들 마음대로 행동하는 모습만 보여주고 있습니다. 오늘 본문은 사건의 시작을 이렇게 설명하고 있습니다. 이삭은 나이도 많아지고, 눈은 점점 흐려지는 등 자기가 죽을 날이 얼마 남지 않았다는 것을 직감하게 되었습니다. 그래서 이제 이삭이 큰아들 에서를 불러서 장자의 축복을 넘겨주려 하는 것입니다.

1. 이삭의 문제

그런데 이삭은 하나님께서 야곱을 자기 집안의 장자로 세우기로 작정하셨다는 것을 이미 알고 있었습니다. 에서와 야곱이 태어날 때, 이삭이 직접 들었습니다. "여호와께서 그에게 이르시되 두 국민이 네 태중에 있구나 두 민족이 네 복중에서부터 나누이리라 이 족속이 저 족속보다 강하겠고 **큰 자가 어린 자를 섬기리라** 하셨더라"(창 25:23).

그렇다면 장자의 축복이 누구에게 가야 하나님의 뜻을 이루는 것입니까? 야곱입니다. 그렇다면 참 이상하지요. 이런 하나님의 말씀을 하셨는데도 불구하고, 이삭이 끝까지 에서에게 장자의 축복을 주려고 한 이유가 무엇일까요? 그 이유가 창세기 25장 27-28절 말씀에 잘 나와 있습니다. "그 아이들이 장성하매 에서는 익숙한 사냥꾼이 었으므로 들사람이 되고 야곱은 조용한 사람이었으므로 장막에 거주하니 이삭은 에서가 사냥한 **고기를 좋아하므로 그를 사랑하고** 리브가는 야곱을 사랑하였더라."

그냥 이삭은 남자답고, 활달하고, 사냥도 잘하는 에서가 더 좋았던 것입니다. 그래서 이삭은 아내 리브가도, 야곱도 제외하고, 오로지 에서만 따로 불러서 몰래 장자의 축복을 주려 했던 것입니다. 그냥 자기가 좋으니까, 그냥 자기가 사랑하니까, 하나님의 뜻도 무시해 버린 것입니다.

2. 리브가의 문제

이삭이 에서를 몰래, 따로 불렀지만 낮말은 새가 듣고, 밤말은 쥐가 듣는다고 이 대화를 몰래 엿듣고 있었던 한 사람이 있었습니다. 바로 리브가였습니다(5절). 그리고 야곱에게 가서 이렇게 말합니다. "아버지가 네 형에게 축복을 하려고 사냥한 고기로 별미를 만들어 오라고 했으니 네가 먼저 선수를 쳐라. 아버지가 연로하셔서 눈이 어두워졌으니 네가 형인 것처럼 하고 들어가서 형이 받을 축복을 대신 받거라."

이렇게 해서 야곱이 아버지를 속이고, 장자의 축복을 받아내는 것입니다. 그런데 리브가가 이렇게 한 것이 지혜로워 보입니까? 하나님께서 예언하신 대로 축복을 받게 했으니 이 방법에도 정당성이 있다고 생각하십니까? 아닙니다. 엄격히 말하면 이것은 축복을 도적질 한 것입니다. 하지만 "결국에는 하나님의 뜻을 이룬 것이니 무엇이 문제 될 것이 있느냐?"고 반문하시는 분도 계실 겁니다. 그런데요. 거짓과 속임수를 쓰는 것, 이것이 하나님의 뜻인지에 아닌지에 대한 문제의식을 가지고 있지 않으면 거짓말을 정당화하는 이단, 신천지와 다를 바 없습니다.

저는 사람이 자기 마음대로 하려는 욕망이 생길 때, 그것이 얼마나 무섭고 강한지를 보게 됩니다. "아버지를 속이자"라고 하는 제안을 들은 야곱이 "어머니, 그러다 들키면 축복은 고사하고 저주를 받게 될 거예요" 라고 말하자 그 어머니 리브가가 이렇게 대답합니다. "어머니가 그에게 이르되 내 아들아 너의 저주는 내게로 돌리리니 내 말만 따르고 가서 가져오라"(13절).

저는 사람이 고집을 피울 때 '얼마나 무서워질 수 있는지'를 보게 되는 것 같아, 이 구절을 볼 때마다 좀 섬뜩하다는 생각이 들 정도입니다.

나눔

그런데 우리도 이럴 때가 있습니다. 한 가지가 옳다고 여기든지, 아니면 그것이 너무 좋다고 생각하면 다른 것은 아무것도 생각하지 않고 오로지 고집만 부리더라는 것입니다. 그저 이루고자 하는 목표가 너무나 확고한 나머지 이것이 과연 하나님의 뜻대로 이루어지는 것인가, 이런 것이 하나님께서 원하시는 방법인가? 이런 것에 대해 전혀 생각해 보지 않더라는 것입니다. 그저 결과만 좋으면 된다고 생각하기에 이런 과정 따위는 아무런 상관이 없다고 여길 때가 있더라는 것입니다. 여기에 대해 어떻게 생각하십니까?

야곱이 축복을 축복답게 받지 못한 결과가 무엇입니까? 오늘 사건 이후로 이어지는 야곱의 삶을 보면요. 전혀 축복받은 사람답지 않게, 정말 험하고 고생스럽고, 진짜 고독한 삶을 살게 됩니다. 형 에서의 손에 잡히면 죽을지도 모른다는 두려움 속에 도망쳐야 했고, 또 집을 떠나 20년 동안이나 객지 생활을 해야 했으며, 거기서 만난 외삼촌 라반으로부터는 속임과 착취를 당해야만 했습니다. 심지어 나중에는 자기 자식들에게로부터도 속임을 당하게 됩니다.

그러므로 우리가 오늘 본문을 통해 배운 교훈은 하나님의 뜻을 앞서가는 것은 그것이 설령 축복일지라도 그 후유증이 너무 크다는 것입니다. 그러므로 우리 성도님들께서는 하나님께로부터 오는 축복을 축복답게 받으시기를 주님의 이름으로 축원합니다.

35과
위로의 만남
창세기 28장 10-15절

1. 손수건 같은 만남

야곱은 지금 형의 축복을 가로챈 뒤, 부모님의 집을 떠나 밧단아람에 사는 외삼촌 라반의 집으로 도피하는 중이었습니다. 외삼촌 라반이 살고 있는 밧단아람이라는 도시는 출발지인 브엘세바에서 약 600km 떨어져 있는 곳입니다. 교통이 발달하지 않았던 당시에 600km는 정말 멀고도 먼 길이지요. 그런데 이렇게 길을 떠난 야곱이 얼마나 다급하게 도망을 쳤는지, 약 100km를 한 번에 내달려 어느 한 벌판에 도착하게 됩니다.

그러고는 쉬지도 않고, 허겁지겁 정신없이 도망쳐 왔으니 너무나 피곤했는지 그 벌판에서 한 돌을 베개 삼아 잠을 청하게 됩니다. 대략 100km 정도를 쉬지 않고 달려온 후 이 정도 왔으면 좀 쉬어도 되겠다 싶었던 것 같습니다. 그런데 바로 그곳에서 야곱은 뜻밖의 만남을 경험합니다. 그리고 이 만남은 야곱의 인생에서 가장 중요한 만남이었습니다. 바로 벧엘의 들판에서 하나님을 만난 것입니다. 힘이 들 때 땀을 닦아주고 슬플 때 눈물을 닦아주는 손수건처럼 가장 아름다운 만남이 이루어진 것입니다.

2. 일방적인 만남

그런데 이 만남은 야곱이 의도했던 것도, 계획했던 것도 아니었습니다. 그저 하나님께서 야곱을 만나주신 것입니다. 오늘 본문 12-13절 말씀을 보십시오.

> "꿈에 본즉 사닥다리가 땅 위에 서 있는데 그 꼭대기가 하늘에 닿았고 또 본즉 하나님의 사자들이 그 위에서 오르락내리락 하고 또 본즉 여호와께서 그 위에 서서 이르시되 나는 여호와니 너의 조부 아브라함의 하나님이요 이삭의 하나님이라 네가 누워 있는 땅을 내가 너와 네 자손에게 주리니."

1) 이 구절에 보면 야곱은 꿈에서 하나님을 만났다고 합니다. 그러면 꿈이라는 것이 자기 마음대로 꿀 수 있는 것입니까? 내가 오늘 하루를 너무 힘들게 보냈으니까, 오늘밤 꿈이라도 근사한 꿈을 꾸자고 마음을 먹고 잠자리에 들면 환상적인 꿈이 꿔지나요? 현실과 다르게 이런 꿈을 꾸자고 하면 그렇게 꿈이 꿔지나요? 아닙니다. 엄격하게 말하면 꿈은 꾸는 것이 아니라 꾸어지는 것입니다. 그러므로 꿈은 100% 수동적인 것이지요.

2) 그러면 야곱이 꿈에서 본 것이 무엇입니까? 처음에 본 것은 사닥다리였습니다. 그리고 그 사닥다리에 뭐가 있었습니까? 하나님의 사자들이 오르락내리락하는 것을 볼 수 있었습니다. 그리고 가장 중요한 것 "또 본즉 여호와께서 그 위에 서서 이르시되"라고 합니다. 그러니까 하나님의 사자들이 오르락내리락하는 사닥다리를 보다가, 더 위를 쳐다보았더니 거기에는 야곱을 기다리고 계시는 하나님이 계셨던 것입니다. 즉, 하나님께서 천사들을 거느리시고, 야곱을 만나러 오셨다는 것입니다.

3. 왜 찾아오셨나요?

그런데 야곱의 편에서 보면, 야곱은 지금 하나님을 만날 준비가 전혀 되어 있지 않았습니다. 야곱은 하나님을 만날 준비도 안 되어 있고, 자격도 없다고 생각했을 것입니다. 하나님께서 선택하시는 장자의 축복인데, 그것을 부당한 방법으로 취했으니 그 마음에 죄책감이 있었을 것입니다. 또 아버지를 속이고, 형도 속여서 축복을 도적질했으니 분명히 마음에 죄책감이 있었을 겁니다. 또한 속여서 취한 이 장자권에 대한 정당성도 의심스러웠을 것입니다.

이렇게 받은 속여서 취한 장자의 축복이 과연 효력이 있을까도 생각했을 것입니다. 그러니 이런 죄책감을 가지고 과연 하나님을 대면할 수 있었겠습니까? 모든 것이 후회가 될 것 같고, 모든 것이 걱정이 되었을 것 같은 그날 밤 하지만 하나님께서는 "'오늘 밤, 너는 나를 만나야 돼"라며 야곱을 찾아와 만나주신 것입니다. 그러므로 이 말씀이 우리에게 보여주는 것이 무엇입니까? 우리 하나님은 정말 좋으신 분이시라는 것입니다.

4. 우리에게도 역시

사랑하는 성도님들, 우리가 살아가는 동안 언제나 하나님 앞에 떳떳하게 나아갈 만한 그런 거룩한 모습으로 살아갑니까? 아니지요. 또 우리가 아무런 죄도, 흠도 없이, 그렇게 하나님 앞에 서기에 부끄럽지 않은 경건한 모습으로 살아갑니까? 당연히 아닙니다. 때로는 믿음이 흔들리는 것 때문에 마음이 어렵고, 때로는 분명히 회개한 죄인데도 또 짓고 또 짓는 바람에 그로 인해 부끄럽고, 또 때로는 살아가는 것 자체가 너무 바쁘고 힘들어서 등 이런 많은 이유로 인해 하나님 앞에 나아가기가 참 부끄럽고 어려울 때가 있습니다.

지금 이 모습 이대로는 하나님 앞에 서는 것 자체가 두렵고, 또 부끄러워서 하나님을 만나는 것 자체가 꺼려질 때가 있더라는 것입니다. 하지만 하나님께서는 그러한 때에도 우리를 찾아와 주시고, 위로해 주시며, 약속의 축복을 해 주시는 분이시라는 것입니다.

1) 야곱과 같이 돌베개를 베고, 벌판에서 잠이 든 것 같은 고통의 시간에 하나님을 만난 적이 있나요?

2) 이모저모 생각해 봐도, 지금 나의 모습은 하나님을 만나기엔 부끄럽다 생각할 때, 하나님이 나를 찾아와 위로하시고, 축복해 주신다는 이 말씀이 우리 성도님들에게 어떤 힘이 됩니까?

36과

이중 약속

창세기 28장 10-15절

흔히들 기독교를 두고 '언약의 종교'라고 이야기를 합니다. 왜냐하면 성경에 나타난 하나님의 특성 가운데 가장 두드러지는 특성이 바로 인간과 언약을 맺으시고 실천하시는 것이시기 때문입니다. 실제로 다른 종교와도 비교해 봐도 ① 기독교처럼 신과 인간 사이에 언약을 맺는 종교도 없고, ② 또 언약이라는 매체가 신과 인간 사이를 이렇게까지 끈끈하게 이어주는 종교도 없습니다.

1. 이중 약속

그런데 성도님들 기독교의 언약이 이중 약속이라는 사실을 아십니까? 왜 이중 약속이라고 하는가 하면 성경에 하나님께서 인간들과 맺으신 약속들을 쭉 살펴보니 두 가지 종류의 약속이 있다는 것을 발견할 수 있기 때문입니다(이번 과에서는 이것만 아셔도 성공입니다).

① 첫 번째는 최초의 약속, 그러니까 약속 그 자체를 말하는 것이고

② 두 번째는 그 약속을 실현하기 위한 또 다른 약속이기 있다는 것입니다. 그러니까 쉽게 말씀드리면 하나님의 약속에는 ① 맨 처음 맺은 약속이 있고 ② 그 약속을 실현하기 위해 이런저런 것을 해 주겠다고 하는 그 다음 약속이 또 있더라는 것입니다.

2. 첫 번째 약속의 반복

그런 의미에서 오늘 본문 13-14절 말씀을 보십시오.

"또 본즉 여호와께서 그 위에 서서 이르시되 나는 여호와니 너의 조부 아브라함의 하나님이요 이삭의 하나님이라 네가 누워 있는 땅을 내가 너와 네 자손에게 주리니 네 자손이 땅의 티끌 같이 되어 네가 서쪽과 동쪽과 북쪽과 남쪽으로 퍼져나갈지며 땅의 모든 족속이 너와 네 자손으로 말미암아 복을 받으리라."

벧엘에서 야곱에게 맺어주신 축복의 약속인데요. 이 말씀을 자세히 보시면 처음 맺은 약속을 반복하고 있다는 것을 볼 수 있습니다. 그러니까 아브라함과 이삭에게 하신 것과 똑같은 약속 ① 땅을 주겠다. ② 자손을 번성하게 하겠다. ③ 축복의 근원이 되게 하겠다. 이 약속이 야곱에게도 똑같이 반복되고 있다는 것을 볼 수 있습니다.

3. 새로 맺은 두 번째 약속

그러면 이제 그 아래에 있는 15절 말씀을 보겠습니다.

"내가 너와 함께 있어 네가 어디로 가든지 너를 지키며 너를 이끌어 이
땅으로 돌아오게 할지라 내가 네게 허락한 것을 다 이루기까지 너를 떠
나지 아니하리라 하신지라."

잘 보시면 여기서는 처음 약속을 실현하기 위한 두 번째 약속을
새롭게 맺고 계시다는 것을 알 수 있습니다. 그래서 이번에는 무엇이
라 약속하십니까? ① 너와 함께하겠다는 것입니다. ② 그리고 네가
어디로 가든지 너를 지키며 너를 이끌어 주겠다는 것입니다. ③ 마지
막으로 이 약속이 다 이루어지기까지 결코 너를 떠나지 않겠다는
것입니다.

나눔

저는 성경을 통해 아브라함, 이삭뿐만 아니라 성경의 인물들에게 하신 모든 약속이 사실 우리에게도 동일한 약속임을 믿습니다. 왜냐하면 그 하나님이 나의 하나님이시기 때문입니다. 그리고 우리에게 성경을 주신 이유가 이 약속을 공유하고자 함이라 생각하기 때문입니다. 그러므로 이 약속이 우리에게도 다 이루어질 줄 믿습니다. 하지만 한 가지 더, 우리 역시 야곱처럼 첫 번째 약속의 이행을 위한 새로운 두 번째 약속, 즉 개인적인 약속을 받아야 한다는 것입니다. ① 내가 너와 함께하겠노라고 ② 내가 너를 끝까지 지키겠노라고 ③ 내가 너의 걸음걸음마다 인도하겠노라고 ④ 무슨 일이 있어도 이 약속을 다 이루는 날까지 내가 너를 결코 떠나지 않겠노라고 야곱과 같은 이런 두 번째 약속을 받으셔서 지금의 돌베개, 황량한 들판의 인생도 뛰어넘어 이후 약속이 성취되는 축복의 인생이 되시길 주님의 이름으로 축원합니다.

은혜만이 변화시킬 수 있습니다

창세기 29장 21-30절

우리의 일상에서 자주 일어나는 일들을 두고 무슨 법칙, 무슨 법칙이라는 말을 붙이시지요. 가장 유명한 것이 일이 잘 풀리지 않고 오히려 꼬이기만 할 때, 이럴 때 붙이는 이름이 '머피의 법칙'입니다. 이외에도 '편지의 법칙'이라고, 그럴듯한 문구가 떠오를 때면 이미 편지 봉투를 풀로 붙인 직후라는 것이고요. '호로위츠의 법칙'이라고, 라디오를 틀면 꼭 좋아하는 노래의 마지막 부분이 나온다는 것도 있습니다.

그런데 이런 농담 식으로 말하는 법칙 말고, 진짜 우리 인생에서 반드시 경험하는 법칙이 있습니다. 바로 '인과의 법칙'입니다. 어떤 원인에 의해서 반드시 결과가 따라오는 것입니다. 이 세상에 존재하는 대부분의 종교는 사실은 인과의 법칙을 기초로 해서 그 사상이 이루어집니다. 어떻게 살았는지에 대한 것을 원인으로 삼아, 사후에 그에 대한 결과를 얻게 된다는 것입니다. 그렇다면 우리 기독교는 어떨까요? 성경은 어떻게 이야기하고 있을까요? 적용되기도 하고, 그렇지 않기도 합니다.

1. 인과의 법칙이 적용되는 사례 — 심는 대로 거둔다

야곱의 외삼촌 라반에게는 두 명의 딸이 있었습니다. 언니 레아는 시력이 안 좋은 반면, 동생 라헬은 곱고 아름다웠으니 야곱은 라헬을 사랑하게 되었죠. 그래서 라헬을 얻기 위해 7년 동안을 한 푼도 안 받고, 무료로 봉사를 했습니다. 그렇게 7년이 지난 후 그토록 기다려왔던 라헬과의 결혼식을 치르게 되는 날이 왔습니다. 그런데 다음날 아침에 일어나보니, 야곱의 옆에는 라헬이 아니라 레아가 있는 것입니다. 그래서 야곱이 외삼촌 라반을 찾아가서 이런 말을 합니다.

"외삼촌이 나를 속이심은 어찌됨이니이까"(25절).

하지만 이 말은 야곱이 할 말이 아닙니다. 왜냐하면 야곱은 자신의 목표를 이루고자 하는 것에 있어서는 수단과 방법을 가리지 않았습니다. 목표를 이루기 위해서라면 거짓말도, 속임수도 거리낌 없이 사용해 왔기 때문입니다. 결국 뛰는 놈 위에 나는 놈 있다고 속이고 속이더니 결국 자기를 속여 먹는 사람이 나타난 것입니다. 속이는 자가 드디어 속임을 당하게 된 것입니다.

"스스로 속이지 말라 하나님은 업신여김을 받지 아니하시나니 사람이 무엇으로 심든지 그대로 거두리라"(갈 6:7).

이것을 인과의 법칙으로 말하면, 자기가 한 그대로 돌려받게 된 것이지요.

2. 인과의 법칙을 뛰어넘는 것 ─ 기적

앞서 성경에서는 인과의 법칙이 적용될 때도 있고, 그렇지 않을 때도 있다고 말씀드렸지요. 그렇다면 인과의 법칙을 모두 초월하는 것을 성경에서 뭐라고 하는지 아시나요? 바로 기적입니다. 오늘 본문에 뒤이어 나오는 내용은 야곱의 인생에 첫 번째 기적을 경험하는 사건입니다. 그런데 이 사건에 대해 대부분 잘 아시는데 반해 기적이라고 생각하지는 않는 것 같습니다. 바로 요셉의 탄생입니다. 야곱의 두 부인 중 레아는 자식을 쑥쑥 낳는데 반해, 라헬은 자식을 얻지 못합니다. 그런데 어느 날 기적이 일어납니다. 창세기 30장 22절 말씀에 보면 드디어 하나님께서 라헬의 태를 열어 주셨다고 합니다. 별별 약을 다 먹고, 무슨 방법을 써도 소용없더니, 드디어 기적이 일어난 것입니다. 이게 왜 기적이냐? 불임 가정에 새 생명이 태어난 것도 기적이지만, 무엇보다 하나님의 구원의 역사에 너무나도 결정적인 역할을 하는 요셉이 태어났기 때문입니다.

3. 그러므로 성경에 나온 최고의 기적이 무엇인지 아십니까?

① 구원받을 수 없는 우리가 구원을 받은 것 ② 죽을 수밖에 없는 우리가 새 생명을 얻어 다시 살게 된 것 이것이 기적 중의 기적이고, 최고의 기적인 것입니다. 할 수 없는데 이루어진 기적, 자격이 없는데

베풀어진 사랑, 이것을 성경은 은혜라고 합니다. **그러므로 은혜가 바로 인과의 법칙을 초월하는 최고의 기적인 것입니다.** 결국 속이고 빼앗던 인생을 살았던 야곱에게 인과의 법칙이 적용되었을 때는 자신도 속임을 당하고 빼앗기는 것밖에는 할 수 없는 인생이 되었습니다.

그뿐만 아니라 "죄의 삯은 사망"이어서 죄인인 우리에게 인과의 법칙을 적용하면 우리에게는 사망밖에 남은 것이 없습니다. 마찬가지로 다른 종교가 말하는 인과의 법칙으로 치면 우리는 모두 다 죽었어야 할 존재들입니다. 또 제대로 하면 축복, 제대로 못하면 저주라는 법칙이 있는 율법에 담겨 있는 인과의 법칙으로 따지면 당연지사 우리는 다 진노와 저주의 대상이 되었어야 할 존재들입니다. 하지만 하나님께서 은혜를 베푸심으로, 우리는 인과의 법칙을 초월한 구원의 대상이 된 것입니다. 새 생명을 얻게 된 것입니다.

나눔

  우리는 우리 생애 가장 큰 기적인 하나님의 은혜와 구원에 대해
얼마나 절감하며 살아가고 있습니까? 어느 순간부터 은혜와 구원이
너무나 당연해지고, 은혜와 구원에 대한 감격이 없어지지는 않았는
지, 이 큰 기적을 두고도 부족하다고 생각하며 살고 있지는 않은지
다시 한번 돌아봅시다.

    프랑스의 대문호, 빅토르 위고가 쓴 『레미제라블』이라는 소설을 아십니까? 제목은 낯설더라도 장발장이라는 이 소설의 주인공 이름은 다들 익숙하시죠? 거기에 보면 주요 인물 세 사람이 등장합니다. 장발장, 장발장을 쫓는 자베르 경관, 미리엘 신부.

    아버지가 없어서 추위에 떨고 있는 일곱 명의 조카들을 먹이기 위해 빵 한 조각 훔쳤다는 죄로 체포되어 무려 19년 동안 감옥생활을 하게 된 장발장이란 사람이 있었습니다.

    그렇게 19년 후 감옥에서 나오기는 했지만, 세상은 범죄자 장발장에게 더더욱 차갑고 냉담하기만 합니다. 아무도 빵 한 조각 주는 사람이 없고, 잠잘 곳을 제공해 주는 사람도 없습니다. 그러다가 만난 미리엘 신부, 이 분만이 장발장을 따뜻하게 맞아 주지요. 그러나 미리엘 신부님께 받은 은혜도 잊어버리고, 장발장은 교회에 있는 은촛대를 훔쳐 달아납니다. 그러나 자베르 경관에 의해서 다시 잡혀 온 장발장. 하지만 미리엘 신부님은 그 은촛대는 내가 선물한 것이라고 끝까지 장발장에게 은혜를 베풉니다. 장발장은 그 은혜에 감동 받고 완전히 새 사람으로 변하게 됩니다. 그리고 변화된 장발장은 열심히 일하여 사장이 되고, 이후 가난으로 신음하는 사람들을 아낌없이 도와 모든 사람에게 존경을 받게 되며, 결국 그 도시의 시장에까지 당선되게 됩니다.

대문호인 빅토르 위고가 이 소설에서 말하려고 하는 것이 무엇입니까? 사람을 변화시키는 것은 끝없는 은혜라는 것입니다. 성도님들이 세상이 말하는 인과의 법칙으로는 절대로 사람이 변할 수 없습니다. 하지만 은혜는 변화라는 기적을 일으킵니다. 그러므로 하나님의 은혜로 변화되십시오. 또 기적의 사람으로 변화되시고, 축복의 사람으로도 변화되십시오. 그뿐만 아니라 은혜를 많이 베푸시는 사람이 되시고, 그래서 이 세상에 변화를 일으키는 기적의 주인공이 되시길 축원합니다.

38과
꿈에 대한 확신
창세기 30장 25-43절

　　어느 날, 야곱이 '내가 두 아내도 얻었고, 첩도 둘이고, 아들도 열두 명이나 생겼는데 언제까지 이렇게 종처럼 그저 무보수로 일만 해야 하는가?' 하는 생각이 들었습니다. 그래서 외삼촌 라반을 찾아가 "외삼촌, 저는 이제 그만 고향으로 가렵니다"라고 말합니다. 그랬더니 외삼촌 라반이 가슴이 덜컥 내려앉는 것입니다. 왜냐하면 야곱 때문에 지금 자기가 이렇게 큰 부자가 되었는데, 이제 야곱이 가면 어떻게 하나? 싶은 거죠. 그런데 외삼촌 라반은 사실 야곱보다 더 꾀가 많은 사람 아닙니까? 그래서 야곱에게 이렇게 이야기를 합니다. "너 고향 가는데 그냥 빈털터리로 갈 수 있냐? 이제부터는 너에게 품삯을 제대로 쳐 줄 테니까, 너도 재산을 모아 가지고 금의환향해야 하지 않겠어?" 하지만 외삼촌 라반은 지금까지 야곱에게 열 번이나 품삯을 주겠노라고 약속을 해 놓고 지금까지 한 번도 안 지켰습니다(창 31:7).

　　그래서 이미 예상이나 했다는 듯, 이번에는 야곱이 외삼촌 라반에게 아주 파격적인 제안을 합니다.

"외삼촌, 이제는 저에게 따로 품삯을 주지 않으셔도 됩니다. 앞으로도 지금처럼 일을 해 드리겠는데, 그 품삯도 안 주셔도 됩니다. 그 대신에 조건이 하나 있습니다. 이제 양들이 새끼를 낳을 때 얼룩진 것, 점 있는 것, 또는 새까만 양이나 염소가 나오면 그것만 제 것으로 주시면 됩니다."

외삼촌 라반이 듣고 보니까 이처럼 좋은 조건의 계약이 없어요. 왜냐하면 유전학적으로 보면 얼룩지거나 점이 있거나 새까만 양이나 염소는 열등한 종이라 실제로는 천 마리 당 두세 마리 정도만 나오기 때문입니다. 그러니 경험 많은 라반이 왜 이걸 모르겠습니까? 아마 겉으로는 표현 못 했겠지만, 속으로는 입이 찢어지라 웃었을 것입니다. 게다가 외삼촌 라반이 얼마나 약삭빠른 사람입니까? 그것도 혹시나 싫었는지 얼룩지거나 점이 있거나 새까만 양이나 염소는 다 따로 빼돌려서 자기 아들들의 손에 맡기고, 심지어 야곱과는 사흘 길 거리를 두었다고 합니다. 이건 뭐 야곱에게는 한 마리도 안 주겠다는 것 아닙니까?

1. 이상한 일

그런데 성도님들, 여기서부터 이상한 일이 벌어집니다. 먼저 야곱은 아무렇지도 않게 일만 합니다. 라반이 어떻게 했다는 것도 이미 다 알고 있었을 텐데 그냥 묵묵히 일만 합니다. 평소 야곱의 성격에 비하면 정말 이상하지 않습니까? 그런데 더 이상한 일이 벌어집니다.

야곱이 하얀 양과 염소들만 데리고 먹이는데, 이것들이 새끼만 낳으면 모두 다 얼룩지거나 점이 있거나 새까만 것만 나오더라는 것입니다. 사실 이것은 과학적으로 설명할 길이 없는 일입니다. 진짜 놀랄 만한 기적이 일어난 것입니다.

그러니 한 번 생각해 보십시오. 야곱이 라반과 약속한 후에 6년을 더 일하는데요. 그러면 이 6년 동안, 양과 염소들이 낳은 모든 새끼가 다 얼룩지고 점 있고 새까만 것들만 나왔으니 외삼촌의 것은 전부 6년 이상 된 나이 많은 것만 남게 되었고 새로운 것, 젊은 것들은 전부 야곱의 차지가 되는 것입니다.

2. 어떻게 이런 일이?

그렇다면 성도님들, 정말 궁금하지 않습니까? 아니 어떻게 이런 말도 안 되는 이런 일이 일어날 수 있었을까요? 본문 37절 이하의 말씀에 보면 버드나무, 살구나무, 신풍나무의 가지의 껍질을 벗겨 양 떼가 와서 먹는 개천의 물구유에 세워서 그렇다고 합니다. 아마 온갖 종류의 나무 가지들을 다 베어다가 죽 늘어놓으니까 각각 색깔이 다 다르지 않습니까? 그러니까 얼룩덜룩하게 보이겠지요. 이것을 양들이 물 먹는 구유 앞에 병풍처럼 놓아두면 물을 먹으면서 양들이 자연스럽게 보게 됩니다. 그리고 새끼를 낳으니 이렇게 되었다는 것입니다.

아니, 그랬다고 진짜 다 얼룩이가 나오고, 검은 것이 나온다면, 성도님들 죄송하지만 이건 정말 말도 안 되는 이야기입니다. 이렇게 성경을 보면 진짜 시험에 들 이야기밖에 안 되는 것입니다.

3. 꿈에 대한 확신

그러니 이에 대해 우리는 정확하게 알아야 합니다. 사실 야곱은 확신이 있었습니다. 그 확신은 자기 생각에 따라 내가 나무들을 베어다가 이렇게 하고 저렇게 하면 얼룩지고, 점 있고, 검은 것이 나올 것이다. 하는 이런 확신이 아니었습니다. 6년 뒤 야곱이 집으로 향해 가면서, 두 아내인 레아와 라헬에게 이런 고백을 합니다.

"꿈에 하나님의 사자가 내게 말씀하시기를 야곱아 하기로 내가 대답하기를 여기 있나이다 하매 이르시되 네 눈을 들어 보라 양 떼를 탄 숫양은 다 얼룩무늬 있는 것, 점 있는 것과 아롱진 것이니라 라반이 네게 행한 모든 것을 내가 보았노라"(창 31:11-12).

그러므로 야곱이 이렇게 할 수 있었던 것은 하나님께서 보여주시는 확신이 있어서였던 것입니다. 바로 이것이 야곱의 확신의 근거였습니다. 즉, 야곱은 하나님께서 그렇게 역사하실 것을 믿었다는 것입니다. 그러므로 야곱은 이 기적 같은 일을 하나님께 행하실 것이라고 확신한 것입니다. 성도님들 이 확신을 우리는 믿음이라고 합니다.

그러므로 우리 인생 중에 기적과 같은 축복을 일으키는 비결이 무엇입니까? 바로 하나님께서 역사하실 것이라는 확신에 찬 믿음입니다. 하나님께서 보여주신 비전대로 이루어주실 것이라는 믿음이 바로 기적을 일으키는 비결이라는 것입니다.

나눔

나는 하나님에 대한 확신이 있습니까? 그리고 하나님께서 주신
비전이 있다면 여전히 확신을 가지고 이루어질 것을 믿으며 살아갑니
까? 아니면 한때는 또렷했던 그것이 점점 잊혀지고, 희미해져갑니까?

하나님께서 이런 기적의 축복을 언제 베푸시는지 아십니까? 방금 본 창세기 31장 12절 말씀의 맨 마지막에 보면 하나님께서 야곱에게 말씀하시기를 "라반이 네게 행한 모든 것을 내가 보았노라"라고 하십니다. 그러니까 외삼촌 라반이 야곱을 향해 14년 동안이나 속이고, 착취하고, 힘들게 했던 모든 것을 하나님께서는 보고 계셨다는 것입니다. 그리고 그 착취가 하나님의 인내 한계를 넘어서게 되자, 결국 기적과 같은 축복의 역사를 통해 야곱을 구원하셨다는 것입니다.

그러므로 하나님께서 언제 기적의 축복을 베푸시느냐? 바로 우리가 억울한 일을 당할 때입니다. 우리가 힘든 일을 당할 때입니다. 그것을 다 보고 계셨던 하나님께서 더 이상 그냥 두고 보실 수는 없다는 판단이 서셨을 때, 신원하시는 하나님으로 찾아오셔서 우리의 모든 아픔을 다 씻어 내시고, 우리의 모든 손해를 차고 넘치게 채우시는 기적과 같은 축복의 역사로 우리를 구원하시는 것입니다.

변화의 새 아침 Ⅰ

창세기 32장 24-32절

1. 변화의 어려움

우리가 하나님께로부터 오는 축복을 제대로 받으려면, 우리가 먼저 축복의 그릇으로, 축복 받을 만한 사람으로 변화되어야 합니다. 이런 변화를 위해 야곱은 지금까지 무지하게 고생했지요. 그런데 변화라는 것이 참 어렵나 봅니다. 얍복강가에서 일어난 오늘 본문의 사건을 보면 여전히 변화 받지 못한 야곱의 모습을 볼 수 있습니다. 그 옛날 벧엘에서 하나님께서는 분명히 야곱에게 약속해 주셨습니다.

"내가 너와 함께 있어 네가 어디로 가든지 너를 지키며 너를 이끌어 이 땅으로 돌아오게 할지라 내가 네게 허락한 것을 다 이루기까지 너를 떠나지 아니하리라"(창 28:15).

그런데도 이것이 아직도 확실히 믿어지지 않는 것입니다. 그래서 형 에서의 마음을 좀 달래 보고자 먼저 사자를 보내 선물을 잔뜩 보냈습니다. 그런데 이 사자가 돌아와서 한다는 말이 에서가 400명이나 거느리고 야곱을 만나러 온다는 겁니다. 이건 반기는 것이 아니라 복수하겠다는 거지요. 이 소식을 듣고 답답해진 야곱이 결국 어떻게 하느냐? 창세기 33장 2절에 보면 야곱이 꾀를 하나 냅니다.

먼저 자신을 따라온 사람들과 가축들과 재산들을 나누기 시작합니다. ① 그리고 맨 앞에는 자신의 두 첩과 그의 자식들을 세우고, ② 그 뒤에 첫째 부인인 레아와 그 자식들을 세우고, ③ 그리고 마지막에 라헬과 요셉을 세웁니다. 왜 이렇게 했는가 하면, 만약 에서가 치고 들어오면 앞에 선 사람들이 난리 통에 죽는 동안, 뒤에 있는 사람들에게는 도망갈 시간을 벌어서, 자신이 아끼는 사람들에게 최대한 살 확률을 높여주기 위해서였습니다. 그러면 정작 야곱 자신은 어디에 있느냐? 24절 말씀에 보면 "야곱은 홀로 남았더니"라고 하지요. 즉, 야곱은 혼자 강을 건너지 않고 있었다는 것입니다. 왜요? 다 죽어도 나는 살겠다는 것입니다. 그러니 아직도, 여전히 변화되지 않은 모습을 보여주고 있습니다. 그런데, 여기서 발견할 수 있는 정말 놀라운 사실은 이렇게까지 변화되지 않는 야곱임에도 불구하고 하나님께서는 야곱을 포기하지 않으신다는 것입니다. 축복의 사람으로 변화되지 않고 그대로 있는 것을 하나님께서 용납하지 않으신다는 것입니다. 그러면 하나님께서는 야곱을 변화시키기 위해서 어떤 방법을 쓰셨을까요?

2. 홀로 있을 때

하나님께서는 야곱이 홀로 있을 때 찾아오셨습니다. 하나님께서는 어떤 사람을 변화시키고자 할 때, 꼭 그 사람이 홀로 있어 외롭고 고독한 시간에 찾아오십니다. 왜냐하면 나랑 일대일로 만나자라고 하시기 때문입니다. 그래서 하나님의 변화가 시작될 때는 늘 외롭고 고독해지는 순간이 찾아오시는 법입니다.

'인격'이라는 단어의 헬라어 원어는 '페르소나'인데요. 이 말의 어원이 참 재밌게도 마스크입니다. 가면이라는 것이지요. 마치 탈춤을 추는 광대들이 자기 역할에 따라서 탈을 바꿔 쓰듯이, 우리의 인격도 사람들 앞에서는 다양한 마스크를 쓰고 살아간다는 것입니다. 하지만 하나님 앞에서 정직하고, 진지해지려면 이 마스크를 벗어야 하지요. 그때가 언제냐? 바로 홀로 있을 때라는 것입니다. 그러므로 홀로 있는 외로운 상황, 이때가 하나님을 만나기에 가장 좋은 상황이라고 할 수 있는 것입니다.

3. 한계

그다음 단계로 하나님께서는 인간의 한계를 깨우쳐 알게 하십니다. 사실 야곱은 지금까지 자신에게는 불가능이란 없는 존재인 것처럼 살아왔습니다. 지는 법을 몰랐고, 원하면 모든 것을 가져야만 직성이 풀리는 사람이었습니다. 야곱과 비슷한 인생의 모토를 가지고 있던 사람이 떠오르네요. 바로 나폴레옹입니다. 나폴레옹의 좌우명이 무엇입니까? "내 사전에는 불가능은 없다"입니다. 야곱도 그랬습니다. 언제나 내가 원하는 것을 다 가지겠다는 전의를 불사르면서 살아갑니다. 그래서 형의 장자권을 빼앗는 데 성공합니다.

또 아버지의 축복의 유산마저도 연극을 해서 속여 취합니다. 그리고 사랑하는 여인 라헬을 얻기 위해 7년에 7년을 더한 14년을 일했습니다. 마지막으로 자신을 속이고 착취하던 외삼촌 라반에게 보란 듯이 복수하며 그의 재산을 거의 다 빼앗아 옵니다. 한마디로 말하면 야곱은 한다면 한다는 사나이였습니다. 그런데 이렇게 한계를 모르는 것이 바로 야곱이 절대로 변화되지 않는 원인이었습니다. 그러니 이렇게 변화되지 않는 야곱을 향해 하나님께서 어떻게 하십니까? 한 판 붙으신 것입니다. 모든 화의 근원인 지나치게 자신만만한 그 모습, 바로 이것을 꺾지 않으면 야곱은 절대로 변화될 수 없었던 것입니다.

인간은 누구나 처음부터 축복의 사람이 되기는 어렵습니다. 변화의 과정이 있기 마련입니다. 그렇다면 나는 축복의 사람으로 변화되기 위해 하나님께서 어떻게 만져가셨나요? 혹은 어떻게 만져가고 계시나요?

　야곱은 정말이지 지는 법을 몰랐던 사람입니다. 그러다 보니 이 싸움에서도 오히려 야곱이 이기려고 하고 있습니다(25절). 결국 하나님께서는 야곱의 허벅지 관절을 쳐버린 것입니다. 아마 제 생각엔 허벅지 관절을 맞고 쓰러지면서 야곱이 이렇게 말했을 것 같습니다. "Oh my God!" 이걸 웃으시라고 말씀드린 이야기가 아니고요. 야곱은 이미 자신이 싸운 대상이 하나님이시라는 것을 알고 있었습니다. 그래서 허벅지 관절이 어긋나서 쓰러진 후에도, 축복하지 않으면 놓아주지 않겠다고 붙들고 늘어지는 겁니다(25절). 또 이름을 가르쳐주지 않았음에도 그 땅의 이름을 브니엘, "하나님과 대면하여 보았으나 내 생명이 보전되었다"라고 짓는 것을 볼 수 있습니다(30절).

　그러니까 야곱은 자기와 싸운 이분이 하나님이신지 이미 알고 있었다는 것입니다. 그런데도 이기려 한 것입니다. 그만큼 한계를 모르고 살아왔다는 것입니다. 그러니 하나님이 왜 야곱의 허벅지 관절을 부러뜨리셨을까요? 바로 한계를 알려주기 위해서였습니다. 자기가 끝판왕인 줄 알고 사는 사람은 하나님보다는 자기 힘을 믿습니다. 그러니 이런 사람은 한계를 경험하지 않고서는 절대로 하나님을 인정하지 않기 때문에, 더 극한 한계를 맛보게 되는 것입니다.

　하지만 한계를 만나면 그리고 그 한계 위에 하나님께서 계시다는 것을 인정하면, 그때부터는 더 이상 자신이 믿음의 대상이 아니라, 내가 믿을 것은 하나님밖에 없다는 것을 인정하게 되더라는 것입니다.

40과
변화의 새 아침 Ⅱ
창세기 32장 24-32절

1. 축복의 사람으로 변화되기 위한 최종의 과제 ─ 신뢰

야곱은요. 지금까지 하나님을 알고 있었으면서도, 하나님을 모르는 사람처럼 행동하고 살아왔습니다. 왜요? 자기 힘으로 모든 것이 가능했으니, 하나님이 크게 필요하지 않았거든요. 하지만 한계를 만난 지금, 야곱은 하나님을 붙들고 이렇게 이야기합니다.

"당신이 내게 축복하지 아니하면 가게 하지 아니하겠나이다"(26절).

여기서 야곱이 축복을 빌었다고, 보통 그렇게 이야기들 하는데, 그렇다면 야곱이 이때, 여기서 무슨 축복을 빌었을 것 같습니까? 지금 멀리서는 형 에서가 자기를 죽이려 달려 오고 있고, 눈앞에서 계신 하나님께서는 자기의 허벅지 관절을 걷어차 부러뜨리는 바람에 평생을 불구로 살아야 하는 상황에서 야곱은 자기 생명이 위태로운 지경입니다. 앞으로 살아갈 날들이 걱정되는 상황입니다. 그러니 이런 세속적인 축복을 구할 경황이 없는 것입니다.

그러므로 여기서 야곱이 하나님께서 지금, 여기서 나를 축복해 주시지 않으시면 나는 살 수 없다고 말하는 것은, "이제 저는 하나님의 도움 없이는, 하나님의 은혜 없이는 살 수 없습니다"라는 것입니다. 즉, 이제 하나님 없이는 못 산다는 처절한 신앙고백이 나온 것입니다. 야곱의 생애를 통틀어 처음으로 하나님을 제대로 신뢰하는 순간이 온 것입니다. 그러므로 성도님들 축복의 사람으로의 변화를 위해서 하나님께서 최종적으로 하시는 것이 무엇이냐? 바로 하나님만 신뢰하게 하신다는 것입니다.

2. 신뢰에 대한 응답 — 하나님의 다스리심

그러자 이 신뢰에 대한 하나님의 응답이 무엇입니까?

"그 사람이 그에게 이르되 네 이름이 무엇이냐 그가 이르되 야곱이니이다. 그가 이르되 네 이름을 다시는 야곱이라 부를 것이 아니요 이스라엘이라 부를 것이니 이는 네가 하나님과 및 사람들과 겨루어 이겼음이니라"(27-28절).

31과에서 보았듯이 이스라엘이란 이름의 뜻은 두 가지이지요. ① 우리가 잘 아는 "하나님과 겨루어 이겼다." ② 그리고 "하나님께서 다스리신다"입니다. 그러므로 ① 지금까지는 야곱이라는 이름처럼 빼앗고, 강탈하고, 착취해야만 얻을 수 있는 하는 어두운 인생을 살았지만, ② 이제부터는 이스라엘이라는 이름처럼 내가 너를 직접 다스리는 그런 인생을 살게 될 것이라는 가장 좋은 축복이 임한 것입니다.

그러므로 성도님들, 모든 변화의 마지막이며 모든 축복의 시작은 바로 하나님의 다스리심입니다. 즉, ① 야곱이 모든 변화의 끝에 드디어 하나님을 신뢰하게 되자, ② 하나님께서는 야곱의 인생을 친히 다스리시겠다는 축복을 부어주신 것입니다.

저는 오늘 본문을 볼 때마다 우리 하나님은 정말 좋으신 분이시라는 생각을 하지 않을 수가 없습니다. 왜냐하면 하나님께서는 야곱 같은 인간도 포기하지 않으시기 때문입니다. 이런 인간을 축복하시기 위해 직접 찾아오실 뿐만 아니라 심지어 싸움까지도 마다하지 않으시다는 것입니다. 그래서 결국에는 그를 변화시키시고, 마침내 그 인생을 축복해 주시더라는 것입니다. 이 좋은 하나님이 나의 하나님이십니다. 그리고 이 과정의 끝은 놀라운 변화와 축복입니다. 그렇다면 이와 같은 은혜가 나에게도 임하기를 바라시나요? 하나님께서 어떻게 하시든 받아들일 각오가 되어 있으십니까?

저는 어릴 때부터 이 이야기를 수백 번은 들었을 겁니다. 그리고 이 장면을 수십 번은 읽었을 겁니다. 그런데 그때마다 저에게 정말 큰 감동을 주는 한 장면이 있습니다. 31절 말씀입니다. "그가 브니엘을 지날 때에 해가 돋았고 그의 허벅다리로 말미암아 절었더라." 우리 성도님들도 머릿속에서 시간의 흐름을 잘 그려보십시오. ① 먼저 싸움을 시작할 때는 밤이었습니다(창 38:22). ② 그러다 싸움을 마칠 때는 날이 새려 하였고요(창 38:26). ③ 그리고 이 모든 일이 끝났을 때는 해가 돋았다고 합니다(창 38:31). 그러니까 야곱이 비록 허벅지 관절이 부러져 절뚝거리며 걸어오고 있지만, 실제로는 놀라운 축복의 사람으로 변화되었던 그때 바로 해가 솟아오르고 있었다는 것입니다.

그런데요. 성경에서 이런 시간의 흐름을 나타내는 장면을 그냥 의미 없이 써둔 것이 아닙니다. 이것은 무엇인가를 상징하는 표현인 것입니다. 그렇다면 이 시간의 흐름이 의미하는 것이 무엇이겠습니까? 그의 인생에 어둡고 캄캄한 밤은 다 지나가고, 이제 눈부신 새 아침이 밝아온다는 것입니다. 그러므로 이것은 해가 돋고 아침이 밝아오듯, 이제는 새로운 축복의 인생이 시작되었다는 것을 보여주고 있다는 것입니다.

① 누가복음 1장 78-79절 말씀에 보면 여기에 딱 맞는 말씀이 나옵니다. "이는 우리 하나님의 긍휼로 인함이라 이로써 돋는 해가 위로부터 우리에게 임하여 어둠과 죽음의 그늘에 앉은 자에게 비치고 우리 발을 평강의 길로 인도하시리로다 하니라." ② 또 말라기 4장

2절 말씀에도 있습니다. "내 이름을 경외하는 너희에게는 공의로운 해가 떠올라서 치료하는 광선을 비추리니 너희가 나가서 외양간에서 나온 송아지 같이 뛰리라."

사랑하는 성도님들, 하나님께서 포기하지 않으시고, 변화시키는 축복의 인생은 비록 그 과정 중에서 ① 홀로 있어야 하는 외롭고 추운 밤, ② 때로 힘겹게 싸워야 하는 괴로운 밤을 보내기도 합니다. ③ 그리고 때로는 다리를 절어야 하기도 합니다. 하지만 결국에는 축복의 인생에는 새 아침이 밝아오게 되어 있습니다. ① 어둠과 죽음의 그늘을 다 걷어 가시는 새 아침 ② 우리를 평강의 길로 인도하시는 새 아침 ③ 우리의 모든 아픔을 치료하시는 새 아침 이런 새 아침이 우리의 인생 가운데 반드시 밝아 오게 되어 있다는 것입니다.

41과

머뭇거림

창세기 33장 16-20절

우리나라 사람들을 비하하는 말 중에 '냄비 근성'이라는 말이 있습니다. 실제로 냄비 근성이라는 말은 국어사전에도 등재되어 있는데요. 그 뜻이 어떤 일에 금방 흥분하다가도 금세 가라앉는 성질을 냄비가 빨리 끓고 빨리 식는 모습에 비유하여 이르는 말이라고 합니다. 이런 냄비와 대비되는 것이 있다면 가마솥이겠지요? 비록 끓어오르는 데까지는 시간이 꽤 오래 걸리지만, 한 번 온도가 오르기 시작하면 식는 것은 천천히 식어서 음식을 따뜻하게 오랫동안 보관할 수 있는 것이 바로 가마솥입니다. 그래서 예전에 부흥사님들도 냄비 같은 신앙보다 가마솥 같은 신앙을 가져야 한다는 설교를 많이 하셨습니다.

그런데 성도님들, 집에서 음식을 만드실 때 ① 가마솥이 좋은 거라고 항상 가마솥만 사용하실 수 있습니까? ② 라면 하나 끓여 먹는 데 몇 십 분이나 지나야 겨우 물이 끓는 그런 가마솥을 사용하시렵니까? 아니지요. 그때는 냄비를 쓰는 것이 편합니다. 그러니까 무엇이 좋다, 나쁘다라기보다는 그 용도와 쓰임에 맞게 잘 사용하면 된다는 것입니다.

그런 의미에서 신앙생활에서도 냄비와 같은 빠른 속도가 필요할 때가 있습니다. 그것이 언제냐? 바로 하나님과의 약속을 지킬 때입니다.

1. 벧엘에서의 서원

이스라엘, 즉 하나님께서 다스리시는 인생의 첫 번째 효과가 바로 나옵니다. 400명이나 이끌고 온 에서가 야곱을 보자마자 울음을 터트려 버린 겁니다. 즉, 하나님께서 에서의 마음을 만지시자 화해의 역사가 일어난 것입니다. 덕분에 야곱은 무사히 고향 땅을 밟을 수 있게 되었지요. 그렇다면 성도님들 고향으로 돌아온 야곱이 가장 먼저 가야 하는 곳이 어디입니까? 부모님을 뵈러? 아닙니다. 야곱이 바로 달려가야 할 곳은 다름 아닌 벧엘입니다. 왜냐하면 아버지와 형을 속여 축복을 가로채고 도망가던 날 하나님께서는 벧엘이라는 곳에서 야곱을 만나주시며 하신 말씀이 "야곱아 내가 너를 이끌어서 이 땅으로 돌아오게 할 것이야 그리고 내가 네게 허락한 것을 다 이루기까지 절대로 너를 떠나지 않을 거야"였습니다(창 28:15).

그러자 그때 야곱이 하나님께 이런 서원을 합니다(창 28:20-22). 하나님께서 정말 나를 평안하게 잘 인도해 주셔서 진짜 고향으로 돌아오게 하시면 ① 첫째, 하나님께서는 나의 하나님이 되실 것입니다. ② 둘째, 이곳은 하나님의 집이 될 것입니다. ③ 셋째, 내 소유의 십일조를 하나님께 드리겠습니다. 이 세 가지의 약속을 하게 됩니다.

그러니 지금 야곱은 하나님과의 약속을 지키기 위해서는 벧엘로 가야 하는 것입니다.

2. 눈 가리고 아웅

그런데 과연 야곱이 벧엘로 갔을까요? 아닙니다. 지금까지 자신이 세운 목표를 위해서라면 항상 발 빠르게 움직이던 야곱인데, 참 이상하게도 이번만큼은 머뭇머뭇하는 모습을 보여줍니다. 야곱은 그냥 세겜으로 갔다고 합니다(창 33:18). 그리고 거기서 무엇을 하느냐? "그가 장막을 친 밭을 세겜의 아버지 하몰의 아들들의 손에서 백 크시타에 샀으며 거기에 제단을 쌓고 그 이름을 엘엘로헤이스라엘이라 불렀더라"(창 33:19-20).

엘엘로헤 이스라엘이라는 것은 "하나님, 하나님 이스라엘의 하나님"이란 뜻인데요. 여기서 이스라엘은 야곱 자신을 말하는 것이니까, "하나님은 내 하나님이시다"라는 뭐 이런 뜻입니다. 이것은 언뜻 보면 지금 땅을 사서, 하나님 앞에 제단을 쌓고 있으니, 잘하고 있구나 하시겠지만, 사실은 그 반대입니다. 하나님께 약속한 벧엘로 돌아갈 것을 어기고, 그냥 임시방편으로 제단을 쌓은 것이기 때문입니다.

3. 머뭇거리는 이유

그러면 야곱이 왜 이렇게 또 잔꾀를 부리고 있을까요? 왜 이렇게 눈에 뻔히 보이는 얄팍한 술수를 쓰고 있는 것일까요? 그 이유가 성경에 정확히 나아오지는 않지만, 이 이유에 대해 여러 가지 학설들이 존재합니다. 중요한 것은 아니니까 아주 간단하게 말씀드리면 ① 형 에서와 아직 사이가 안 좋으니 부딪치기 싫어서 그랬다(상황도피설). ② 야곱이 가나안에 들어와 보니 가축들 키우기가 안성맞춤이라 그냥 거기 머물렀다(현실안주설). ③ 아직 아버지의 집으로 가기엔 여러 가지 환경이 준비되지 않았다(환경미숙설). ④ 이후 출애굽 백성들을 위해서 어떻게 할지 미리 학습했다(선행학습설).

그런데 이것들 전부 다 신빙성이 떨어지는 이야기들입니다. 반면 대부분의 성서학자가 "야곱이 왜 벧엘로 바로 가지 않았을까?"에 대해 성경의 내용 안에서 추정하는 바가 있습니다. 그것이 무엇이냐 하면 바로 직전, 형 에서를 만날 때 야곱에게 너무나 많은 경제적인 출혈이 있었기 때문이라는 것입니다.

창세기 32장 14-15절 말씀을 보면 야곱이 형 에서의 마음을 돌리기 위해서 선물로 보낸 것, 정확히는 뇌물이지요. 그것이 아주 구체적으로 기록되어 있습니다. ① 암염소가 200마리, 숫염소가 20마리, ② 암양이 200마리, 숫양이 20마리, ③ 젖 나는 낙타 30마리와 그 새끼, ④ 암소가 40마리, 황소가 10마리, ⑤ 암나귀가 20마리, 그 새끼가 10마리.

참 신기하게도 이걸 또 어떤 분께서는 현재의 시가로 계산을 하셨더라고요. 그분의 계산에 의하면 이것이 지금 돈으로 대략 10억 정도 된다고 합니다. 그래서 왜 벧엘로 바로 가지 않았는가 하면 벧엘로 가서 거기서 하나님의 집을 짓고, 십일조를 드리고 하는, 이 약속을 지키기에는 이미 너무나 큰 재정적 출혈이 있었다는 것입니다. 그러니

야곱이 엘엘로헤 이스라엘이라는 재단을 세웠지만 이것은 실상 하나
님과의 약속을 대충 지키려는 그저 눈가림에 불과했다는 것입니다.

나눔

우리는 하나님의 약속에 대해 얼마나 진지하게 생각하나요? ① 혹시 이렇게 눈 가리고 아웅하는 식으로 약속을 지키지는 않나요? ② 하나님과의 약속을 지키면 혹시 내게 손해가 클까 봐 이렇게 머뭇거리고 있지는 않나요?

42과
다시 벧엘로 올라가라
창세기 35장 1절

　　지난주 우리는 하나님과의 약속을 지키는 것에 자신의 손해가 클까 봐 머뭇거리는 야곱을 보았습니다. 그런데 이 머뭇거림의 결과가 무엇입니까? 창세기 34장에 보면 야곱의 가정에 큰 화가 임하는 장면이 나옵니다. 야곱의 딸인 디나가 세겜성 성주인 하몰의 아들 세겜에게 큰 봉변을 당한 것입니다. 전쟁의 위험 그런데 세겜이 자신이 험한 일을 보인 디나에게 연민의 마음이 생긴 겁니다. 결국 야곱의 동의를 얻어 합법적인 자기 아내로 맞이하기로 합니다. 그래서 자기 아버지인 추장 하몰과 함께 디나와의 결혼을 승낙 받으러 야곱에게로 찾아옵니다.

　　그런데 여기서도 야곱이 머뭇거리는 모습을 보여줍니다. 그러자 야곱이 머뭇거리는 사이에 디나의 친 오빠인 시므온과 레위가 세겜에게 찾아가 "우리 집안 여자와 결혼하려면 너희 부족 모두가 다 할례를 받아야 한다"라고 거짓말을 합니다. 그렇게 세겜성의 모든 남자가 할례로 인해 고통을 당할 때, 시므온과 레위가 그 성읍을 기습하여, 그 성의 모든 남자를 죽여 버리는 일이 벌어지게 되지요.

이 이야기를 전해 들은 야곱이 큰일 났다 싶은 것입니다. 왜냐하면 자기 동족이 기습을 당했다는 소문을 듣고 가나안 족속들이 다 모여서 자기들을 치면 꼼짝없이 다 죽게 생겼기 때문입니다.

1. 기다리시는 하나님

벧엘로 가지 않고 세겜을 갔던 야곱 그런데 야곱이 세겜에서 얼마나 살았는지는 성경에 정확히 나오지 않습니다. 하지만 디나의 나이를 계산해 보면 대략 10년 정도 살았을 것이라고 추정할 수 있지요. 그러니까 우리가 보기에는 성경에서 한 장 한 장, 바로 바로 넘어가니까 연이어 일어난 사건 같지만, 사실 하나님께서는 야곱이 약속을 지켜주기를 10년 동안 기다리신 것입니다. 다만 그냥 기다려 주시기만 하면 사람의 특성상 오히려 잊어버리니, 이제 위기를 통해 다시 야곱을 일깨우시는 것입니다.

2. 찾아오시는 하나님

오늘 본문 1절 말씀의 첫 구절은 "하나님이 야곱에게 이르시되"입니다. 머뭇거림의 대명사가 되어 버린 야곱, 그 머뭇거림으로 인해 하나님과의 약속도 지키지 못한 야곱, 또 그 머뭇거림으로 인해 자신의 딸이 험한 꼴을 당해버린 야곱 그리고 또 머뭇거림으로 인해 조금

있으면 자신의 가족들이 몰살당할 위기에 처한 야곱. 이런 위기의
야곱에게 하나님께서 먼저 찾아오셔서 말씀하셨다는 것입니다.

성도님들이 구절의 어디를 봐도 야곱이 먼저 하나님을 찾았다는
구절이 없을 겁니다. 앞뒤를 봐도 그런 내용이 없습니다. 그러니까
하나님께서 답답해하며, 어쩔 줄 몰라 하는 야곱에게 먼저 찾아와
주셨다는 것입니다.

3. 끝까지 약속을 기억하시는 하나님

"하나님이 야곱에게 이르시되 일어나 벧엘로 올라가서 거기 거주하며
네가 네 형 에서의 낯을 피하여 도망하던 때에 네게 나타났던 하나님께
거기서 제단을 쌓으라 하신지라"(1절).

하나님께서 첫 일성으로 뭐라고 하십니까? 다시 벧엘로 올라가라
고 하십니다. 하나님은 기억하고 계셨던 것입니다. 예전에 네가 위기
속에서 도망치다 지쳐서 돌베개를 베고 자던 그곳 그리고 내가 처음으
로 너를 만나서, 너와 내가 서로 약속했던 그곳, "다시 벧엘로 가서
제단을 쌓으라"라는 것입니다.

나눔

우리의 머뭇거림에 대한 하나님의 반응은 언제나 일정합니다. 기다리시고, 찾아오시고, 다시 기억하게 하시는 것입니다. 혹시 나의 머뭇거림에 반응하시는 기다리시는 하나님을 경험하신 적이 있나요? 찾아오시는 하나님을 경험하신 적이 있나요? 끝까지 약속을 기억하시는 하나님께 우리는 어떻게 반응해야 할까요?

　오늘 본문이 성경의 메시지로서 확실하게 전달하고 있는 것은 "하나님께 약속한 것을 머뭇거리지 말고, 더 늦기 전에 빨리 지키자"라는 것입니다. 물론 하나님께서는 기다려주시겠지만, 그렇게 기다려주시는 시간 동안 만약 우리가 그 약속을 잊고 살아간다면, 언젠가 하나님께서는 우리로 깨닫게 하시기 위해서 어려움을 주실 때가 있다는 것입니다. 이것을 오늘 본문의 야곱이 잘 보여주고 있는 것입니다.

　하지만 반대로 하나님과의 약속을 잘 지켰을 때는 어떻게 될까요? 하나님과의 약속을 잘 지켰을 때는 어떻게 되는지 5절 말씀을 한번 보십시오. "그들이 떠났으나 하나님이 그 사면 고을들로 크게 두려워하게 하셨으므로 야곱의 아들들을 추격하는 자가 없었더라." 어떻게 되었다고 합니까? ① 야곱이 걱정했던 문제들이 싹 사라졌다고 합니다. ② 가나안 족속들이 몰려와서 자기를 죽이면 어쩌나 염려했지만 하나님께서 그 모든 문제를 싹 다 해결해 주셨다는 것입니다. 그러므로 우리가 다시 하나님과의 약속을 잘 지켰을 때, 그때는 하나님께서 우리로 깨닫게 하기 위해 우리의 삶에 놓아 두었던 모든 문제를 싹 다 해결해 주신다는 것입니다.

43과
변화의 완성
창세기 35장 1-8절

우리가 지금까지 쭉 살펴보았던 야곱의 인생은 축복받는 인생이 되기 위해 가장 필요한 것, 바로 거룩한 변화의 과정을 보여주는 것이었습니다. 그리고 이제 이런 변화가 완성되는 모습을 볼 수 있습니다. 야곱이 일어나 벧엘로 올라가라는 하나님의 말씀을 듣자마자 자신의 가족들과 자신을 따르는 모든 사람에게 이렇게 이야기를 하는데요. 이 이야기는요, 지금까지 성경을 쭉 봐온 이래 야곱의 입에서 나온 말 중에 유일하게 신앙인다운 말입니다. 즉, 야곱의 입에서 처음으로 하나님을 신뢰하는 사람다운 말이 나온 것입니다.

대체 야곱이 뭐라고 했느냐?

"야곱이 이에 자기 집안사람과 자기와 함께 한 모든 자에게 이르되 '너희 중에 있는 이방 신상들을 버리고 자신을 정결하게 하고 너희들의 의복을 바꾸어 입으라 우리가 일어나 벧엘로 올라가자 내 환난 날에 내게 응답하시며 내가 가는 길에서 나와 함께하신 하나님께 내가 거기서 제단을 쌓으려 하노라 하매'"(2-3절).

이 말씀을 자세히 보시면 축복을 받을 만한 사람으로 변화되는 최종단계가 나옵니다.

1. 이방 신상을 버려라

먼저는 "이방 신상을 버려라"라고 합니다. 구약성경의 번역 중 이해를 돕기 위해 해설이 많이 붙어 있는 아람어 역본, 탈굼에 보면 이 신상은 세겜 사람들의 신당에서 가져온 신상들이라는 주해가 달려 있습니다. 아니, 야곱은 하나님을 믿는 사람인데 왜 이런 신상을 자기 집에 들였을까요? 그것은 야곱이 그 사람들과 장사하며 살아왔기 때문입니다. 특히 신상은 나를 지켜주는 부적 같은 의미가 있습니다. 더 정확히는 이 세상 살아가는 동안 나를 지켜준다고 믿었던 많은 것을 의미하는 것이지요. 거기에는 돈도 있을 테고요. 또 권력이나 인맥도 있을 것입니다. 그러므로 여기서 야곱이 신상들을 버리라고 하는 말은 ① 하나님 외에 이 세상에서 나를 지켜준다고 믿어왔던 것들, ② 하나님 아닌 내가 의지하며 살아왔던 다른 모든 것을 죄다 내다 버리라는 것입니다. 반대로 이야기하면 오직 하나님만 의지하라는 것입니다.

2. 우리 자신을 정결케 하자

그리고 두 번째로 "우리 자신을 정결케 하자"라고 합니다. 하나님께 쓰임을 받든, 축복을 담든, 가장 중요하고 우선시 되어야 하는 것은 먼저 깨끗한 그릇이 되어야 한다는 것입니다.

"그러므로 누구든지 이런 것에서 자기를 깨끗하게 하면 귀히 쓰는 그릇이 되어 거룩하고 주인의 쓰심에 합당하며 모든 선한 일에 준비함이 되리라"(딤후 2:21).

이 말씀에 보면 주인이 어떤 그릇을 귀하게 쓰신다고 합니까? 금 그릇, 은 그릇입니까, 아니면 깨끗한 그릇입니까? 주인이 즐겨 사용하는 그릇은 무엇으로 만들어졌느냐, 얼마나 비싸냐, 얼마나 크냐, 이런 것은 중요하지 않습니다. 그릇은 주인의 용도에 맞게 사용되기 때문입니다.

예를 들어 만두에 찍어 먹을 간장 종지를 찾는데 양푼을 들고 오는 사람은 없지요. ① 밥을 담을 때는 공기가 필요한 법이고, ② 국을 담을 때는 사발이 필요한 것처럼 그릇은 용도에 맞게 사용될 뿐입니다. 단 어떤 그릇이든 깨끗하지 못하면 그것이 금으로 만들어졌든, 은으로 만들어졌든 간에 절대 사용할 수 없다는 것입니다. 그러므로 깨끗한 그릇이 되어야 하나님께 쓰임도 받고, 깨끗한 그릇이 되어야 그 안에 하나님께서 부어주실 축복들도 담을 수 있는 것입니다.

3. 의복을 바꾸어 입자

마지막으로 "의복을 바꾸어 입자"라고 합니다. 의복은 보통 사람의 직책을 나타내지요. 그래서 군인은 군복을 입고, 운동선수는 유니폼을 입는 것입니다. 그러면 하나님을 믿는 사람에게 필요한 의복은 무엇일까요? 요한계시록 19장 8절 말씀에 보면 "그에게 빛나고 깨끗한 세마포 옷을 입도록 허락하셨으니 이 세마포 옷은 성도들의 옳은 행실이로다 하더라"라고 합니다. 즉, 하나님을 믿는 성도들이 입어야 할 옷은 옳은 행실입니다.

그러므로 성도님들 우리가 축복의 사람이 될 수 있는 비결이 바로 여기에 있습니다. ① 먼저는 하나님만을 의지하는 것, ② 또 깨끗한 그릇이 되는 것, ③ 마지막으로 하나님을 믿는 백성다운 옳은 행실로 살아가는 것, 이 세 가지의 변화가 일어날 때 우리는 진정으로 축복의 사람이 될 수 있는 것입니다.

나눔

이 세 가지 변화가 축복의 사람이 되기 위한 최종 단계입니다.
그렇다면 이 세 가지 변화를 위해서 나는 어떻게 해야 할까요?

    야곱은 원래 축복의 사람이 아니었습니다. 하지만 결국에는 축복의 사람으로 완성이 되지요. 그 비결은 바로 이 세 가지의 변화 때문인 것입니다. 그러므로 우리 성도님들도 ① 이 세상 살아가는 동안 오직 하나님만 의지하고, ② 또한 하나님께서 쓰실 만한 깨끗한 그릇이 되며, ③ 하나님을 믿는 백성다운 옳은 행실을 갖춤으로 결국에는 축복의 성도님들이 되시기를 주님의 이름으로 축원합니다.

Part 5

/

제자도

— 당신은 예수 그리스도의
제자가 맞습니까?

44과 _ 제자입니까? I
그 도를 따르는 사람

사도행전 9장 1-2절

우리가 그리스도인으로 살아가는 데 있어 가장 중요한 질문을 해 보겠습니다.

"당신은 예수 그리스도의 제자가 맞습니까?"

그런데 많은 성도님께서 이것이 얼마나 중요한 질문인지를 자각하지 못하다 보니, 이 질문을 별로 어렵지 않게 여기십니다. 그래서 너도나도 자신 있게 대답하지요.

"목사님, 예수님의 제자냐고요? 당연한 걸 물으시네요."

그런데 이렇게 당연하다고 대답하신 분들 중에는 이런 것 정도로 자신을 예수님의 제자라고 생각할 확률이 매우 높습니다. ① "목사님,

저는 자동차 사면 룸미러에는 십자가를 달고 다닐 만큼, 그 정도로는 예수님이 부끄럽지 않습니다." ② 혹은 "목사님, 저희 집 서재에는 제가 읽어 본 신앙 서적 몇 권 정도는 있어요." ③ 혹은 "저는 액세서리를 고르라면 십자가를 제일 먼저 고르는 사람입니다." 그뿐만 아니라 ① 스마트폰을 사면 당연히 성경 어플을 가장 먼저 깔아 놓고 ② 또 핸드폰 벨소리나 컬러링은 은혜로운 찬양으로 해 놓고 ③ 운전을 할 때는 항상 찬양이나 설교를 틀어 놓으며 다니시는 분들도 있습니다. 그래서 "당신은 예수님의 제자입니까?"라고 묻는다면 이 정도 하시는 성도님들께서는 이미 오래전에 그에 대한 답을 내렸고, 덕분에 이런 질문에 대해 별로 심각하게 생각하지 않았을 것입니다. 그래서 이렇게 생각할 것입니다. "나는 참 괜찮은 예수님의 제자야."

그런데 이게 무슨 말이냐? 자신이 예수님의 제자라고 철석같이 믿고 있으면서도, 예수님의 제자에 대한 진정한 의미를 모르는 사람이 그만큼 많다는 것입니다.

1. 성경이 말하는 예수 그리스도의 제자에 대한 정의

그래서 먼저 예수의 제자에 대한 정의를 한번 내려 보겠습니다. 먼저 제자를 가리키는 성경의 헬라어는 '마데테스'입니다. 마데테스는 '배우다'라는 '만다노'에서 파생된 말로, 정확히는 '가르침을 받는 사람'을 뜻합니다. 그런데 성경이 말하는 제자와 흔히 사람들이 말하는 제자와는 글씨만 똑같지, 그 의미는 완전히 다릅니다. ① 흔히 우리가 말하는 제자는 스승으로부터 자신이 필요로 하는 지식만을 전수 받을 뿐입니다. 예를 들어 우리가 학창 시절에 선생님께 혹은 교수님께 지식을 전수 받기는 했지요. 하지만 그 스승의 제자라고 해서 자신의 스승님께서 살아오신 삶을 그대로 따라 살지는 않습니다.

② 그러면 성경이 말하는 제자, 즉 마데테스는 어떤 뜻일까요? 사도행전 9장 1-2절 말씀을 보십시오.

> "사울이 주의 제자들에 대하여 여전히 위협과 살기가 등등하여 대제사장에게 가서 다메섹 여러 회당에 가져갈 공문을 청하니 이는 만일 그 도를 따르는 사람을 만나면 남녀를 막론하고 결박하여 예루살렘으로 잡아오려 함이라."

이 장면은 사도 바울이 아직 사울일 때 예수님의 제자들을 잡아가려고 공문을 보내는 이야기입니다. 여기 보면 주의 제자를 향해 이렇게 정의를 내리고 있습니다. **"그 도를 따르는 사람."**

2. 누가 예수 그리스도의 제자인가?

그러면 누굴 예수 그리스도의 제자라고 합니까? 그 도를 따르는 사람이란 말에서 도란 한문으로는 길 도(道), 헬라어로는 '호도스'(hodus) 입니다. ① 그러니까 성경이 말하는 제자는 주님의 길을 좇아가는 사람입니다. ② 그러니까 성경이 말하는 제자는 주님의 삶을 따라 사는 사람입니다. 그러므로 예수 그리스도의 제자는 단순히 성경을 학습하거나, 성경 지식을 많이 가진 사람이 아닙니다. 즉, 예수 그리스도의 제자는 모태신앙이라고 해서 혹은 스마트폰에 성경 어플을 깔았다고 해서 또는 액세서리로 십자가 목걸이를 고른다고 해서 혹은 신앙 서적 몇 권을 읽었다고, 아니면 유명한 목사님의 설교 몇 편을 듣는다고 해서 그렇게 결정되는 것이 아니라는 것입니다. 진정한 예수 그리스도의 제자는 언제든, 어디서든 예수 그리스도의 길을 따라가고, 예수 그리스도의 삶을 따라 사는 사람을 말하는 것입니다.

나눔

나는 언제든, 어디서든 예수 그리스도의 길을 따라가고, 예수 그리
스도의 삶을 따라 사는 진정한 예수 그리스도의 제자가 맞습니까?

　　제자도 하면 가장 대표적으로 사용하는 말씀이 이 말씀이지요. 마태복음 16장 24절 "이에 예수께서 제자들에게 이르시되 **누구든지 나를 따라오려거든** 자기를 부인하고 자기 십자가를 지고 나를 따를 것이니라." 예수님께서 당신의 제자들에게 하신 권면의 첫 일성이 무엇입니까? "누구든지 나를 따라 오려거든"입니다. 즉, 이 말씀에도 나오지만 예수님께서 자신의 제자들에게 바라시는 것들 가운데 가장 우선되어야 하는 것이 무엇이라고 합니까? 바로 자신을 따라오라는 것입니다.

45과 _ 제자입니까? II

최고의 가치를 발견한 자
— 믿음과 따름

마태복음 13장 44절

1

복음서 전체에서 예수님께서 직접 "나를 믿으라"고 말씀하신 것이 몇 번 정도 될까요? 고작이란 표현이 참 죄송하지만 고작 4번밖에 안 됩니다. 그러면 복음서 전체에서 "나를 따르라"라는 말씀하신 것은 몇 번이나 될까요? 자그마치 20번입니다.

이게 무슨 말입니까? 예수님을 믿는 것보다 예수님을 따르는 것이 중요하다? 이렇게 보면 큰일 납니다. 반드시 이것과 저것을 구분하려는 이분법적 사고방식이니까요. 그것이 아니라 정확히는 예수님을 믿는 것과 예수님을 따르는 것은 절대로 분리될 수 없다는 겁니다. 즉, 둘 중 하나만 가지고서는 온전한 성도가 될 수 없다는 말입니다.

그런데 우리는 끊임없이 믿음과 따름을 구분하는 이분법적 사고 속에 살아갑니다. 그래서 보면 성도님들이 자주 "예수님을 믿기는 하는데. 예수님을 따르기는 좀 힘드네요"라고 말씀하십니다. 이런 말은 그 자체가 틀렸습니다. 왜냐하면 믿음과 따름, 이 둘은 절대로 분리될 수 없기 때문입니다.

2. 따라오너라, 너의 전부를 걸고

'따라오다'라는 말은 원래는 흔히 연인 관계에서 사용되던 말입니다. 지금 이 글을 보시는 성도님들 중에는 언제 그랬냐며 사랑을 했던 기억이 가물가물하신 분도 계실 것이고, 반대로 '내 나이가 어때서'라며 나이가 무슨 상관이냐는 듯 아직도 뜨거운 사랑의 마음을 품고 계신 분도 계실 텐데요. 사람이라면 당연히 한 번쯤은 사랑에 빠지는 병을 앓아보신 적이 있으실 것입니다.

그런데 사랑에 빠지면 어떻게 됩니까? 온 마음과 에너지를 모조리 쏟아붓게 되지요. 요즘 아이들은 절대로 이해하지 못할 당시의 유행이지요. 연애편지를 100통을 이어 붙여서 써보기도 하고, 종이학을 1,000마리씩이나 접어서 예쁜 유리병 속에 넣어서 주는 등 어디서 나오는지 모를 그런 에너지와 열정과 정성이 사랑에 빠지면 생기더라는 것입니다. 그러니 이 정도의 사랑의 잠재력을 가진 우리에게, 예수님께서는 나를 사랑한다면 그렇게 온 마음을 다한 에너지와 열정과 정성으로 나를 따라오라고 말씀하시는 것입니다.

그런데 대부분 예수님과 관계를 이런 식으로 생각하지 못합니다. 그래서 일주일에 한 번, 아침마다 억지로 몸을 일으켜 교회에 오면서, 그저 예수님을 사랑하는 척할 뿐이지요. 그러면서 어디서 나오는 배짱인지, 나는 예수 그리스도의 제자라고 자신 있게 말을 하더라는 겁니다. 하지만 예수님께서는 우리와 이런 관계를 맺기 원하지 않으십니다. 예수님께서는 나를 따라오려면 너의 전부를 걸고서 나를 따르라고 말씀하시고 계신 것입니다.

3. 최고의 투자

"천국은 마치 밭에 감추인 보화와 같으니 사람이 이를 발견한 후 숨겨 두고 기뻐하며 돌아가서 자기의 소유를 다 팔아 그 밭을 사느니라"(마 13:44).

예수님 시대에는 재산을 땅 속에 묻어두는 일이 굉장히 흔한 일이었습니다. 왜냐하면 시대가 혼란스러웠으니까요. 전쟁과 같은 사회의 대변혁이 일어나면 은행을 믿을 수가 있겠습니까? 사람을 믿을 수 있겠습니까? 그러니 땅 속만큼 안전한 곳이 없다고 생각했던 것입니다. 게다가 법이 땅 속에 있으면 무조건 땅 주인의 것이라고 했거든요.

하지만 그렇게 자신의 전 재산을 자기 땅에 묻어 두고 전쟁에 참전했다가 안타깝게도 살아서 돌아오지 못한 경우들이 비일비재했습니다. 그리고 그 땅에 그 죽은 사람의 전 재산이 묻혀있는지 아무도 모른 채 그 땅이 다른 사람에게 팔리게 되지요. 그런데 어느 날, 그 땅 주인에게 고용된 한 일꾼이 밭을 간다고 열심히 괭이질을 하다가, 덜컥, 뭔가가 걸리기에 한 번 파보았더니, 전 주인이 땅속에 숨겨

둔 전 재산, 보물 상자를 발견하게 된 것입니다. 딱 봐도 자기가 지금까지 모은 전 재산과는 비교도 안 될 정도의 값어치입니다. 그러자 이 일꾼의 심장이 마구 뜁니다. 그러고는 누가 볼까 봐 서둘러 상자를 다시 묻고는 태연하게 일을 계속하겠지요.

하지만 그때부터 이 일꾼의 심장은 발작 수준으로 쿵덕쿵덕 뛸 것이고, 머릿속에서는 내가 어떻게 해야 저 상자를 가져가나? 고민 고민을 할 것입니다. 그런데 당시에 유대에는 이런 법이 있었다고 했죠? 땅에서 발견된 것은 무조건 땅 주인의 것, 그러니 지금 이 상자를 발견했다고 말해 봐야, 모조리 지금 땅 주인이 다 가져가게 될테니, 이제 어떻게 해야 하겠습니까? 무조건, 어떻게 해서든, 이 땅을 사야 하는 것이지요. 그래서 그날로 집에 가자마자 자기가 지금까지 모은 돈 전부에다가, 집문서도 꺼내고, 심지어 가축이며, 달구지까지… 하여튼 자기가 가진 전 재산을 모두 다 팔아 그 밭을 살 것입니다.

그런데 이 사람이 그 밭에서 이 보물 상자를 발견했다고 발설을 하면 전부 무효가 되고, 현재의 땅 주인이 그 보물 상자를 다 가져가게 되니, 어디다 말을 할 수 있습니까? 못하지요. 그러니 어느 날 갑자기 퇴근해서 집에 오자마자 마치 정신 나간 사람처럼 자기가 가진 모든 것을 다 팔아서 그 땅을 사야겠노라고 하는 이 모습을 보고 있는 이 사람의 아내가 뭐라고 했을까요? 지금 돈이 없어 소작농을 하고 있는 것인데 자기 전 재산을 팔아서 땅 하나 사겠다고 저러고 있는 것을 보고 있는 이 사람의 가족이나 친척이나 친구들이 이 사람의 행동을 보고 뭐라고 했을까요? 당연히 미쳤다 아니겠습니까? 제정신이 아니라고 했겠지요. 하지만 실상은 어떻습니까? 미친 것이 아니라 그 밭을 사는 것이야말로 이 사람이 할 수 있는 최고의 투자였던 것입니다.

그러므로 예수 그리스도의 제자는 진짜를 발견한 사람입니다. 예수 그리스도의 제자는 예수 그리스도가 진짜라는 것을 발견한 사람인 것입니다. 그래서 예수 그리스도 그 분께 자신의 전부를 완전히 다 쏟아붓는 것입니다.

나눔

나에게 예수 그리스도는 나의 전부를 걸고 따르고 싶은 분이 맞습니까? 예수 그리스도를 따르는 것이 나의 최고의 투자가 맞습니까?

땅 속에 묻힌 보물 상자를 발견한 뒤 이 일꾼이 어떤 마음으로 자신의 전부를 팔았는지 아십니까?

마태복음 13장 44절 말씀의 후반부를 보면 "기뻐하며 돌아가서 자기의 소유를 다 팔아 그 밭을 사느니라"라고 합니다. 그러니까 보물 상자를 얻기 위해 자신의 전부를 쏟아내는 동안 내내, 그렇게 미치광이 소리를 듣는 내내, 오히려 그는 기뻐 어쩔 줄을 몰라 했습니다. 왜요? 자신이 발견한 것이 지금까지 자신이 모아온 전 재산보다도 훨씬 더 가치 있다는 것을 알았기 때문입니다.

그러므로 예수 그리스도의 제자는 예수님을 따르기 위해 우리가 방금 본 그 보물 상자를 발견한 일꾼마냥 자신의 전부를 내어놓는 사람입니다. 왜요? 그것이 최고의 투자인 것을 알기 때문이지요. 그래서 예수 그리스도의 제자는 주님을 따르기 위해 모든 것을 내어 드리는 그 일을 기쁨으로 여기는 사람을 말하는 것입니다.

예수 그리스도의 노예

신명기 15장 16-17절

오늘은 예수 그리스도의 제자가 되어가는 과정을 순차적으로 살펴볼까 합니다.

1. 성도님들 하나님을 믿는 사람에게 믿음이 가장 쉬울 때가 언제입니까?

앞서 본 것처럼 하나님을 믿기는 믿되 자기중심적으로 믿을 때입니다. 자기중심적으로 믿을 때는 주일이면 예배에 참석하고, 필요한 곳에서 봉사하는 것으로 자신이 가진 그리스도인으로서의 의무는 끝났다라고 생각합니다. 그래서 그 이외에는 일주일 내내 자기 편한 대로, 자신이 원하는 대로 삽니다. 그리고 이런 사람의 기도는 자신에게 아쉬운 것, 필요한 것, 원하는 것을 요구하는 것일 뿐입니다.

이처럼 하나님을 자기중심적으로 믿을 때에는 신앙생활이 아주 쉽습니다. 왜냐하면 주일에 예배에 참석하고, 봉사한다는 것만 제외

하면 옛날의 나와 현재의 내가, 또 옛 삶과 현재의 삶이 전혀 구별되지
않기 때문입니다.

2. 그런데 성도님들 이처럼 쉬웠던 신앙생활이, 믿음이란 것이 무엇인지를 바르게 깨닫고 난 후에는 왜 그렇게 어렵게 느껴집니까? 믿음이란 자기중심에서 하나님 중심으로 자기 삶의 축을 옮기는 것이기 때문입니다

믿음은 자기 편한 대로, 자기가 원하는 대로, 그렇게 사는 것이
아니라는 것을 알아 버렸습니다. 믿음은 자기를 버리고, 하나님의
말씀을 좇아 하나님 중심으로 사는 것이라는 것을 알아 버렸습니다.
그러니 이 믿음을 위해서는 필히 자기와의 싸움이 수반되기 마련입니
다. 자기 속에서 자기중심으로 살려는 옛사람과 하나님 중심으로
살려는 새사람 간의 싸움이 일어납니다. 그리고 믿음은 그 싸움에서
이기는 것입니다. 왜냐하면 그 싸움에서 이기는 사람만 자기 삶의
전반에 걸쳐 하나님 중심으로 살아갈 수 있기 때문입니다. 그래서
이때는 신앙생활이 어렵게 여겨질 수 있습니다.

3. 그런데 성도님들 그렇게 어렵게만 여겨지는 바른 믿음의 삶이 실제로 고달프기는커녕, 오히려 예전에 비하여 훨씬 평안하고 보람되게 느껴지는 것은 또 무슨 영문입니까?

자기와의 싸움에서 이기고, 하나님의 말씀을 좇아 하나님 중심으

로 산다는 것은 하나님과 바른 관계를 맺고 있음을 의미합니다. 그러기 때문에 이런 사람에게는 하나님의 평강, 생명, 권능과 은혜가 항상 함께하는 것입니다. 그래서 이렇게 예수 그리스도의 제자로 살아가는 사람의 삶은 세상이 줄 수 없는 평강과 세상의 그 무엇과도 바꿀 수 없는 은혜로 충만하게 되는 것입니다. 그래서 하나님의 말씀을 좇아 하나님 중심으로 사는 사람은 참된 평안과 은혜를 맛본 사람이기 때문에 자기와의 싸움에서 이기는 것이 더 이상 어렵지 않게 되더라는 것입니다.

나눔

그렇다면 나의 믿음은 어느 단계에 와 있습니까? 여전히 쉽습니까? 아니면 힘겹게 싸우는 중입니까? 아니면 완전한 평강, 생명, 능력과 은혜를 누리며 살아갑니까?

성경에 보면 수많은 예수 그리스도의 제자들이 자신을 예수 그리스도의 노예라고 소개합니다. 베드로(벧후 1:1), 디모데(빌 1:1), 야고보도(약 1:1) 모두 다 자신을 '그리스도의 종'이라고 표현합니다. 게다가 사도 바울은 노예라는 단어를 지극히 싫어하는 로마 사람들에게 로마서의 서문에서 자신을 예수 그리스도의 종 바울이라고 소개를 합니다. 그런데 성도님들 보통의 노예는요. 자신의 의지와 상관없이 강제로 끌려가 노예가 됩니다. 그러니 노예가 되고 싶은 사람이 누가 있었겠습니까?

그런데 이스라엘에는 이런 예외의 법 조항이 있습니다. 이스라엘의 노예 법칙은 6년간 노예로 일을 하다가도 7년째는 무조건 풀어줘야 하는 것이 법입니다. 이것을 안식년 제도라고 하지요. 그런데 신명기 15장 16-17절 말씀에 보면 이런 안식년 제도를 뛰어넘는 노예제도에 대한 설명이 있습니다. "종이 만일 너와 네 집을 사랑하므로 너와 동거하기를 좋게 여겨 네게 향하여 내가 주인을 떠나지 아니하겠노라 하거든 송곳을 가져다가 그의 귀를 문에 대고 뚫으라 그리하면 그가 영구히 네 종이 되리라 네 여종에게도 그같이 할지니라."

그러므로 예외의 법 스스로 평생토록 노예가 되려는 사람들, 그렇게 평생토록 한 주인을 섬기는 노예로 살고자 하는 사람들이 있는데 그 이유가 대체 무엇이라고 합니까? ① 주인을 사랑하기 때문입니다. ② 주인과 함께 동거함을 좋아하기 때문입니다. 모르는 사람이 보면 정말 어리석고 미친 행동처럼 보이지만. 주인이 너무 좋아서, 이 주인을 떠나지 않고 함께하고자 계속해서 노예로 남기로 선택한 사람들이 있다는 것입니다. 마찬가지로 예수 그리스도의 제자는 주님을 사랑해서, 주님과 함께하고자 스스로 노예가 되기를 선택한 사람들입니다. 그리고 너무나 역설적이게도 예수 그리스도의 노예는 ① 노예가 되어 매여 사는 것이 아니라, ② 노예가 되어 가장 완벽한 자유를, 진정한 평화를 누리게 된다는 것입니다.

얼마 전 영화 제목으로 많이 알려진 나라가 있지요? '수리남'. 예전에 수리남에서 복음을 전했던 선교사님들에 관한 이야기를 책에서 읽은 적이 있습니다. 이 선교사님들은 근처에 있는 섬 주민들에게 복음을 전하고 싶었습니다. 그런데 이 섬의 주민의 대부분은 섬 전체를 뒤덮는 거대한 플랜테이션, 즉 기업적인 농업 경영의 노예로 살고 있었습니다. 그리고 플랜테이션의 주인들은 노예들끼리만 말을 섞는 것을 허락했습니다. 다른 외부인들과의 대화를 철저히 차단했다는 것입니다. 왜냐하면 자신들의 노동 착취와 같은 잘못된 관행들이 외부에 흘러나가길 원치 않았기 때문입니다. 이러했기 때문에 이 선교사님들이 섬 주민들에게 다가갈 길이 없었습니다.

그래서 고민 끝에 이 선교사님들이 생각해낸 묘안이 무엇인지 아십니까? 바로 그들 스스로 노예가 되는 것이었습니다. 결국 무더운 열대 기후 속에서 스스로 노예가 되어 고생 고생한 끝에 이 선교사님들은 많은 노예의 마음에 복음을 심어 줄 수 있었다고 합니다. 나중에 이 소식을 들은 사람들이 "당신들은 대체 어떻게 그렇게까지 할 수 있었습니까?"라고 질문을 했다고 합니다. 왜냐하면 많은 사람이 이 선교사님들이 스스로 노예의 길을 선택한 것을 두고 과하다, 미친 짓이라고 생각했기 때문입니다. 하지만 이 선교사님들의 대답은 너무나 명료하고 간결했습니다. "자신들은 처음부터 예수 그리스도의 노예였다"는 것이었습니다.

47과 _ 제자입니까? IV

자기를 부인하는 자
— 자기 부인이 대체 뭔가요?

마태복음 16장 24절

1

우리가 평소에는 자주 듣지 못하는데, 유독 교회에서만 자주 듣는 단어들이 몇 가지 있습니다. 예를 들면 거듭남, 영생, 구원, 뭐 이런 말들인데요. 이런 말들 중에 하나가 바로 '자기 부인'(自己 否認)입니다. 그러면 자기 부인이란 말, 대체 무슨 뜻일까요? 교회 용어 사전에 봤더니 "자기 자신과 아무런 관계가 없는 사람인 것처럼 행동한다"라고 설명이 되어 있습니다. 그리고 부가적으로 이런 설명이 되어 있습니다. 첫째, 자기 자신을 이미 죽은 사람처럼 취급하고 행동하는 것을 말한다. 둘째, 이는 자신의 인간적인 안전이나 행복, 이익 등에 대한 본능적인 요구를 거부하는 것을 말한다. 셋째, 자기 부인은 그리스도를 좇는 자들이 취해야 하는 경건한 삶의 태도이다.

그럼에도 이해하기가 어렵지요? 그래서 제가 예를 하나 들어 보겠습니다. 어떤 한 젊은 남자가 여름이 되었으니 건강을 생각해서 다이어트도 하고, 몸도 근육질로 멋지게 만들고 싶어서 헬스장에 등록을 하고 운동을 하기 시작했습니다. 그러던 어느 날, 이 사람이 직장에서 퇴근한 후, 마음 먹은 대로 운동을 하기 위해 차를 몰고 헬스장을 찾아갑니다. 그런데 주차장에 차를 대고 내린 이 사람이 사람의 한쪽 손에는 운동화, 츄리닝 등을 담은 커다란 운동 가방을 쥐고 있는데 반해 또 다른 한쪽 손에는 무엇이 들려있었느냐? 바로 아이스크림이었습니다. 왜냐하면 이 사람이 항상 즐겨먹는 것 중에 하나가 바로 아이스크림이었기 때문입니다. 그러면 아이스크림이 맛있으니까 계속 먹어야 합니까? 아니면 자신의 건강을 위해서 운동까지 하는데, 이 아이스크림을 버려야 합니까? 손에 쥔 아이스크림을 당장 버려야 합니다. 다시는 입에 대지 말아야 합니다. 지금까지 자신이 아무리 좋아했다 할지라도, 건강이라는 더 옳고 바른 목표를 위해 과감히 포기할 줄 알아야 하는 것입니다. 바로 이것이 자기 부인이라는 것입니다. 그러므로 자기 부인은 더 옳고 바른 것을 위해 이런 희생과 인내를 감수할 줄 아는 것을 말하는 것입니다.

2. 자기 부인을 자꾸 실패하는 이유?

그런데 성도님들, 이 사람은 지금 어떻게 하고 있습니까? 몸은 건강하게 만들고 싶지만, 아이스크림은 포기하지 못하겠다고 하고 있습니다. 왜 그렇습니까? 옳고 바른 목표는 있지만 그에 따른 희생하고 싶지 않기 때문입니다. 그런데 성도님들, 이 사람처럼 무언가 하고는 싶지만, 그에 따르는 대가는 치르고 싶지 않다는 이런 마음의 자세가 우리 신앙생활에도 똑같이 적용될 때를 상당히 자주 봅니다.

예를 들어 구원받고 싶기는 하지만, 열심을 내어서 교회를 다니고, 열심을 내어서 신앙생활을 하는 것은 별로 하고 싶어 하지 않는다는 겁니다.

장례식에 가보면 이런 말을 꽤나 자주 듣습니다. 돌아가신 분이 예전에는, 어릴 때는 교회를 다닌 적도 있고, 심지어 세례도 받았으니 구원받았을 것이라 믿습니다. 네, 넓으신 하나님의 사랑에서는 무엇이든지 가능하시니 충분히 그럴 수도 있습니다. 다만 지금 하신 말씀이 솔직하게 무슨 뜻입니까? 천국에는 가고 싶지만, 신앙생활은 하지 않았다는 말입니다. 또 축복은 받고 싶지만 하나님의 말씀을 지키며 살아가는 것은 너무 버거워서 하고 싶지 않다는 분도 계십니다. 성경에서 축복의 원리에 대해서 그렇게도 많이 축복을 받기 위해서는 반드시 하나님의 규례와 율례와 법도를 따라야 한다고 이야기합니다. 그런데 이런 하나님의 말씀을 일일이 배우고, 따르며, 살아가는 것이 너무 버거운 일이어서 하고 싶어 하지를 않는다는 거지요. 그러면서도 여러 가지 축복은 받고 싶어 하는 겁니다. 그러니 이런 것은 그냥 일은 하지 않고 돈만 벌고 싶다는 것과 다를 바 없는 욕심인 것입니다. 바로 이런 모습들이 자기 부인이 안 되는 모습들인 것입니다. 마치 예수 그리스도의 제자가 되고 싶기는 하지만, 주어진 십자가는 지고 싶지 않다는 것처럼 말입니다.

나눔

예수 그리스도의 제자가 되기에 방해가 되는 그 달콤한 아이스크림을 포기할 각오가 되어 있으십니까? 아니면 구원은 받고 싶으나 신앙생활은 열심히 하기 싫고 축복은 받고 싶으나 하나님 말씀을 지키기는 버겁다고 하는 모순적 그리스도인 되려 하십니까?

요즘 세상에 포트폴리오라는 말이 있습니다. 원래는 서류 가방을 뜻하는 말인데, 이것이 투자에 사용되면 분산 투자라는 뜻이 됩니다. 그러니까 투자의 위험을 줄이기 위해서 한 곳에 왕창 투자하는 것이 아니라, 주식에 조금, 부동산에 조금, 은행에 조금, 이런 식으로 나누어서 투자하는 것을 말하는데요. 그런데 이것이 세상살이에는 참 현명할지 모르겠지만, 신앙생활마저도 이런 포트폴리오를 적용하는 분들이 많습니다. 신앙에도 조금, 세상에도 조금 걸쳐 놓기는 걸쳐 놓되 너무 빠지지 않게…. 적당히만 하려고 조심조심하더라는 것입니다. 흔히 말하는 양다리 걸치기죠.

제가 청년부 사역을 오랫동안 했습니다. 그때 보니 한국교회 청년들이 너무나 포트폴리오를 잘합니다. 그래서 수련회 때 기도 제목들 제출한 것들을 정리해 보니 정말이지 싸구려 계약과 맹세를 남발하고 있더라는 것입니다. 예수님, 우선 내가 처한 상황이 좋아야 하고 그리고 내가 기도한 조건들, "내가 기도한 이것들을 잘 들어주시면 제가 이렇게 해 드리겠습니다. 이 계약 조건을 예수님께서 잘 지켜 주신다면, 그러는 한에는 내가 예수님을 잘 좇아가겠습니다." 그런데 제일 중요한 것이 있습니다. "저한테 너무 많은 것을 요구하지는 않으셔야 합니다. 만일 그러시면 저는 당신을 따르기가 어려울 것 같습니다." 이런 식입니다. 기가 막히고, 코가 막히지요. 무슨 말입니까? 좋은 것들을 많이 누리고 싶긴 한데, 털끝 하나라도 자신에게 손해가 된다면 예수님을 따를 생각이 없다는 것입니다. 이래서 예수님이 기도는 들어주시겠습니까? 제가 예수님이라면 응답과 축복은 커녕 혼꾸멍부터 내고 시작할 것 같습니다.

48과 _ 제자입니까? V

적어도 사탄은 아니어야
— 졸지에 사탄이 된 베드로

마태복음 16장 13-25절

1

　가이사랴 빌립보에서 예수님은 제자들에게 물으십니다. "사람들이 나를 누구라 하느냐?" 그랬더니 별의별 대답이 다 나옵니다. 세례요한, 엘리야, 예레미야 등. 그때 예수님께선 다시 물으시죠. "너희는 나를 누구라 하느냐?" 그때 한 베드로의 명답, "주는 그리스도시요 살아계신 하나님의 아들이십니다." 그리고 이 멋진 신앙고백 직후, 예수님께서는 베드로에게 이 반석 위에 교회를 세우겠다고, 음부의 권세가 이기지 못할 것이라고, 무엇이든지 이 땅에서 매면 하늘에서도 매이고, 이 땅에서 풀면 하늘에서도 풀리게 되는 천국 열쇠를 너에게 주겠다고, 실로 엄청난 축복을 해 주십니다.

　그러고 나선 이제는 말해줘도 되겠다고 생각을 하셨는지 드디어 제자들에게 자신이 십자가를 지시는 것에 관한 이야기를 하십니다.

그렇게 자신이 십자가에서 죽었다가 다시 살아날 이야기를 하셨는데, 아니 웬걸, 조금 전에 그렇게나 위대한 고백을 했던 베드로가 이번에는 예수님께 대들기 시작합니다. 22절 말씀을 보시면 베드로가 예수님을 붙들고 항변했다고 하지요. 여기서 '항변했다'라는 말이 예전 개역한글성경에는 '간하여'라고 번역이 되어서, 베드로가 "예수님 돌아가시다니요. 제발 그런 말씀 좀 하지 마세요"라고 간청한 것처럼 잘못 알고 있는데요. 실제로 '항변하다'에 쓰인 헬라어 '에피티마오'를 정확히 해석하면 '꾸짖다', '책망하다', '비난하다'라는 뜻입니다. 그러니까 조금 전에 "주님은 그리스도시요 살아계신 하나님의 아들이십니다"라고 고백한 베드로잖아요. 그러면 이제 예수님께서 무슨 말씀을 하시든 간에 순종해야 마땅하건만, 지금은 오히려 예수님을 꾸짖고 비난하고 있더라는 것입니다.

그러자 예수님께서 베드로를 향해 하신 말씀이 무엇입니까? "예수께서 돌이키시며 베드로에게 이르시되 **사탄아 내 뒤로 물러가라 너는 나를 넘어지게 하는 자로다 네가 하나님의 일을 생각하지 아니하고 도리어 사람의 일을 생각하는도다 하시고**"(23절). 조금 전, 그렇게 위대한 고백으로, 그렇게 엄청난 축복을 받은 베드로가 졸지에 사탄이 되었습니다.

2. 졸지에 사탄이 된 이유

그리고 그렇게 사탄이 된 이유가 무엇이라고 합니까? 23절에 정확히 나오지요. ① "네가 하나님의 일을 생각하지 아니하고", ② "도리어 사람의 일을 생각했기 때문"이라고 하십니다. 이 말씀을 헬라어 원문으로 직역하면 이렇게 됩니다. "너의 생각은 하나님께 속한 것이 아니라 인간에게 속한 것이로다." 이건 너무나 중요한 내용인데요. 우선 사탄은 머리에 뿔을 달고 있지 않습니다. 이상한 그림에서 나오는 것처럼 험상궂게 생긴 그런 모습이 아닙니다. 사탄은 하나님께 속한 생각이 아닌 자기가 원하는 생각에 머물러 있는 그 사람을 뜻하는 것입니다(물론 정확하는 그 사람 자체가 사탄이 아니라 그 속에 사탄이 있다 혹은 사탄에게 사로잡혀 사탄의 지배를 받고 있다는 것이죠). 즉, 하나님의 뜻을 따르는 것이 아니라 자기가 바라는 대로만 생각하고, 그렇게 원하는 자기 생각대로 따라가는 사람, 그 사람이 바로 사탄인 것입니다. 다시 설명하면 자기 부인이 되지 않는 사람, 그가 바로 사탄이라는 것입니다.

3. 그렇다면 누가 사탄입니까?

예수님을 믿는다고 하는 많은 성도가 부리는 가장 큰 꼼수 중 하나는 예수님께 터치를 받고 싶지 않은 삶의 영역들을 따로 떼어 놓는다는 것입니다. 그러면서 예수님과 협상을 벌이려고 하지요. 예를 들면 "예수님을 잘 따를게요. 단 이것만은 안 돼요. 이건 내가 예수님만큼이나 사랑하는 거니까, 또 이것을 위해 내가 공들인 시간이 많으니까 제발 이것만은 건드리지 말아 주세요"라고 하지요.

혹은 "예수님을 잘 따르겠습니다. 단 제가 미워하는 저 사람, 저 사람에 대해서만큼은 사랑하고 용서하라는 말씀, 제발 하지 마세요. 저 사람은 용서받을 자격이 없는 사람이에요"라고 합니다. 즉, 자기 부인을 할 수 없는 영역을 스스로 만들어 놓고서는 이것만은 절대로 안 된다, 이것만은 예수님도 건드릴 수 없다고 하는 것입니다.

하지만 성도님들 ① 자기 부인에는 예외 조항이 없습니다. ② 예수님을 따르는 것에는 부분적인 것이 없습니다. ③ 내 삶의 영역에서 이만큼은 예수님을 따르고, 이만큼은 내 생각대로 하고 하는 그런 것은 없다는 것입니다. 그렇지 않고 특정한 상황에 대해서만큼은 예수님을 따르기로 한 것을 자연스레 내려놓는다면, 그래서 어느 일정 부분에서 만큼은 자신이 원하는 그 생각을 포기하지 못한다면, 그 사람이 바로 자기 부인을 하지 못한 그리스도인 되는 것입니다. 그러다 보면 베드로가 들었던 사탄이라는 질책을 듣게 된다는 것입니다.

다시 한번 말씀드리지만 사탄은 머리에 뿔을 달고 있지 않습니다. 이상한 그림에서 나오는 것처럼 험상궂게 생긴 그런 모습이 아닙니다. 사탄은 하나님께 속한 생각이 아닌 자기가 원하는 대로 생각하는 것에 머물러 있는 사람, 자기 부인이 되지 않아 결국 자신의 생각을 포기하지 못하는 사람을 뜻하는 것입니다.

나눔

　　나는 그리스도의 제자입니까, 사탄입니까? 내 모습은 "주는 그리
스도시요 살아계신 하나님의 아들이십니다"라고 하는 제자 베드로입
니까? 아니면 예수님을 꾸짖고 책망한 사탄 베드로입니까?

남은 이야기

1985년부터 25년간 CNN의 간판 앵커였던 래리 킹이라는 사람이
은퇴하기 전 인터뷰를 당한 적이 있습니다. 항상 인터뷰어로 인터뷰를
진행하는 사람이었는데, 이번에는 자신이 인터뷰이로 인터뷰를 하게
된 겁니다. 그때 래리 킹에게 이렇게 물었습니다. 당신은 평생토록
수많은 사람을 인터뷰했는데, "정말 꼭 인터뷰를 해보고 싶은 사람이
있다면 누구입니까?" 그러자 래리 킹이 놀랍게도 이 사람을 지목했습니
다. 바로 교황이었습니다. 인터뷰어가 깜짝 놀라서 "왜 그렇게 생각
하냐?"라고 물었더니 온 세계의 민주화 인권에 대해서 간섭을 하면서
자기 스스로는 왕관을 쓰고 절대적인 권위를 휘두르는 전근대적인
삶을 살고 있는 그를 인터뷰해 보고 싶다는 것이었습니다.

생각해 보면 그렇지 않습니까? 민주화를 위해서 그렇게 엄청난
투쟁을 벌여온 가톨릭이 너무나 이율배반적으로 전근대적인 교황
제도를 위해서는 투쟁해 본 적이 없습니다. 이 얼마나 어처구니없는
자기 관대함입니까? 온 세계의 약자와 빈민들의 구제를 위해 주장하
며, 심지어 선행으로 구원을 받는다고 주장하는 로마 교황이 수십억
원이나 되는 자기 왕관을 팔아 구제할 생각은 전혀 하지 않고 있습니
다. 또 14조 원이나 되는 로마 교황청의 재산을 보유하고도 그것을
풀어 구제할 생각은 전혀 하지 않고 있습니다. 이 얼마나 이율배반적
인 자기 관대함입니까?

49과 _ 제자입니까? VI

누구든지
— 누가 예수 그리스도의 제자가 될 수 있습니까?

마태복음 16장 24절

성경에서 제자도에 대해 가장 잘 설명하고 있는 말씀이지요. "이에 예수께서 제자들에게 이르시되 누구든지 나를 따라오려거든 자기를 부인하고 자기 십자가를 지고 나를 따를 것이니라"(24절). 이 말씀에는 예수 그리스도의 제자가 되기 위한 세 가지를 알려줍니다. ① 처음은 "나를 따라오려거"든 ② 그다음은 "자기를 부인하고"입니다. ③ 그리고 마지막이 "자기 십자가를 지고"입니다. 그런데요. 이 말씀을 자세히 보시면 예수님의 제자가 되려면 이러이러한 것을 하라고 권면하시기에 앞서, 사실은 그 대상이 누군지를 가장 먼저 말씀하고 계십니다. 예수 그리스도의 제자가 될 수 있는 대상이 누구입니까? 누구든지입니다.

성도님들, 예수님께서는 누구에게 자신의 제자가 되라고 하셨습니까? 특별한 사람입니까? 예수님을 따라도 될 만큼 깨끗하고 정결한 사람입니까? 아니면 예수님을 따르기에 흠이 될 것이 없는 사회적 지위가 높은 사람입니까? 그것도 아니면 신적 능력이 탁월한 사람입니까? 아닙니다. 전혀 그렇지 않습니다. 예수님을 따르는 것은 누구든지 할 수 있습니다. 누구나 가능하다는 것입니다.

1. 조건 없음

그렇다면 이 '누구든지'라는 것이 왜 중요할까요? 왜냐하면 예수님께서 부르시는 사람은 특별한 자격 조건을 필요로 하지 않는다는 것이기 때문입니다. 성경 어디를 봐도 예수님께서 부르시는 사람에 대한 특별한 자격 조건이 필요하다는 이야기는 나오지 않습니다. 눈 씻고 찾아봐도 나오지 않습니다. 그런데 요즘 들어 누구든지라는 단서가 붙은 수많은 광고들을 보게 됩니다. 예를 들어 이런 것이지요.

누구든지 돈을 빌릴 수 있습니다. 누구나 대출 가능.

그런데 그 아래, 자그마한 글씨로 써 있는 계약 조건을 찬찬히 뜯어보면, 실상은 누구든지가 아니라 모두 조건이 붙어 있습니다. 카드 연체가 없다면 신용 불량자가 아니라면 담보로 걸 만한 것이 있다면 이런 식의 조건들이 다 붙어 있습니다. 그러므로 이런 조건이 달려 있는 것이 이 세상이 말하는 누구든지입니다.

하지만 예수님께서 말씀하신 누구든지에는 이런 조건이 없습니다. 가난한 사람도 부유한 사람도, 건강한 청년도 나이 든 노인도,

출생지가 어디든, 인종이 어떠하든, 남녀노소 따지지 않고 누구나, 소경도, 중풍병자도, 문둥병자도 그리고 창녀와 귀신 들렸던 자마저도 아무 상관없이 그저 누구든지, 예수님의 부르심의 대상이 되더라는 것입니다.

3. 정작 우리가 만든 어이없는 조건들

이렇게 예수님께서는 차별 없이 모든 사람에게 예수 그리스도의 제자 될 문을 열어두셨는데요. 참 애석하게도 세월이 흐르면서 교회를 다닌다는 사람들이 예수님의 초대장에다가 온갖 단서와 조건들을 덕지덕지 붙여 놓았습니다. 그래서 교회가 말하는 누구든지는 대부분 별 탈 없이 잘 살아온 사람들을 뜻합니다. 그러다 보니 교회가 말하는 누구든지에는 냄새나는 노숙자나 이혼을 겪은 사람이나 범죄자들은 포함되지 않습니다. 예수님의 뜻과 아무런 상관없이, 우리가 생각하는 누구든지는 꽤나 점잖게 입고 다니는 사람들을 말합니다. 그래서 우리가 생각하는 누구든지는 그래도 어느 정도의 경제력을 갖춘 사람, 그래도 어느 정도의 실력을 갖추고, 사회적 지위를 갖춘 사람들을 의미합니다. 분명히 예수님께서는 우리를 부르실 때는 아무런 조건 없이 불러 주셨는데, 우리는 우리 스스로 단서를 붙이면서 예수 그리스도의 제자가 되는 것에 수많은 조건을 붙여 놓고 있더라는 것입니다.

그래서 그런지 참 안타까운 것은 예수를 잘 믿는다는 젊은이들의 기도를 보면, 소명을 위해 기도할 때나 자신의 비전을 두고 기도할 때… 스스로 이런 조건들을 덕지덕지 붙입니다. 하나님 먼저 저를 이렇게 만들어 주십시오. 제가 그 자리에 올라가면 그때는 제대로 쓰임 받겠습니다. 그러다 보니 "돈을 많이 벌면"이라는 조건을 달고, 그 후에 주님의 일을 하겠다며 불법 다단계에 뛰어드는 청년도 보았고, 또 자신이 원하는 사회적 위치에 오르는 것이라는 조건을 달고 그 이후에 주님의 일을 하겠다며 주일에 예배드리는 시간조차도 아깝다고, 공부하느라 예배에 오지도 않는 청년도 보았습니다.

이들 모두 이후에 주님의 영광을 위해서 쓰임 받으려고 준비하는 것이라고 말은 했지만, 하나같이 스스로 엉뚱한 조건을 떡 하니 걸어 놓고서는 "그것 먼저 하고 나면"이라고 하고 있으니, 그런데 지금도 우선순위가 무엇인지도 모르고 있는 이들이 설령 목표한 일을 이룬다 할 지라도 정말 예수 그리스도의 제자로 살아갈까요? 이건 뭐, 불 보듯 뻔한 것 아니겠습니까?

나눔

1) 솔직하게 내가 예수 그리스도의 제자 되겠다면서 주님께서 먼저 행해 달라고 기도한 조건이 있습니까?

2) 아니면 타인을 향해 예수 그리스도의 제자라면 이 정도는 갖추어야 한다고 은연중 세워놓은 기준이 있습니까?

남은 이야기

　　예수님께서 우리를 부르실 때 그 어떤 단서도 조건도 붙이지 않으
셨습니다. 그리고 예수님께서 우리를 부르실 때 합격, 불합격으로
부르시지 않으셨습니다. 그저 예수님께서는 우리를 향해 이렇게 말씀
하십니다. 누구든지 좋다고요. 그러니 이 얼마나 좋습니까? 너의 모습
이 어떠하든지, 죄가 많든지, 손에 쥔 것이 별로 없든지, 의지나 건강이
약하든지, 너의 과거가 어떻든지, 하여튼 뭐가 어떻든지 간에 그런
것들은 다 필요 없고 내가 너를 직접 불렀다는 이 말씀 얼마나 놀라운
은혜입니까? 그러므로 우리에게 아무 공로 없음에도 이런 은혜로
말미암아 우리가 주님의 제자로 부르심 받으셨다는 것을 절대로 잊으
시면 안 됩니다. 그래야 타인 혹은 사회적 약자에게도 똑같이, 조건
없이 대할 수 있기 때문입니다.

50과 _ 제자입니까? VII
자기 십자가를 지고 가는 사람
— 기독교의 심볼(Simbol)

마태복음 16장 24-25절

1

글로벌 기업들마다 자신의 기업을 상징하고 홍보하는 슬로건이나 심볼 혹은 로고들이 있습니다. 예를 들어 "Just Do It" 하면 한쪽으로 착 올라간 스우시가 생각나면서 대번에 나이키라는 것을 알고요. 한편 "Impossible is Nothing"이라는 슬로건을 보면 세 선이 생각나면서 대번에 아디다스라는 것을 알게 됩니다. 또 길을 가다 멀리서 황금색으로 그려진 M자 모양의 아치만 봐도, 저기가 맥도날드라는 것을 대번에 알아챕니다. 이렇게 간단한 슬로건이나 심볼만 보아도 그 기업이 떠오르게 하고, 더불어 그로 인해 그 기업의 이미지까지 좋게 만들어주는 것은 굉장히 훌륭한 마케팅 전략입니다.

그래서 기업들은 고객의 뇌리에 각인될 만한 슬로건이나 심볼, 로고를 개발하기 위해 실제로 어마어마한 투자를 하지요. 그런데 우리 기독교에도 전 세계인이 다 아는 대표적인 심볼이 있습니다. 바로 십자가입니다. 그런데 가끔 이런 의문이 듭니다. 이 세상에 좋은 것들이 얼마나 많은데, 게다가 이 세상 모든 만물의 주인되신 하나님이시라면 그렇게 수없이 좋은 것들 중에 하나를 고르셔도 괜찮으셨을 텐데, 왜 하필 십자가를 선택하셨을까? 이런 의문이요. 성경 안에도 다른 심볼, 좋은 심볼도 많지 않습니까? 평화도 상징하고, 성령도 상징하는 비둘기 어떻습니까? 좋지요. 또는 보호하심을 상징하는 목자의 지팡이는 어떻습니까? 이것도 참 좋아 보입니다. 혹은 희망과 약속의 상징인 무지개도 참 좋습니다. 아니 그런데 왜 하필 피투성이의 나무 기둥 두 개를 겹쳐놓은 십자가입니까?

역사상 가장 잔혹한 사형 도구를 심볼로 내세운다는 것은 마케팅의 입장에서 보면 정말이지 그지없는 실패작입니다. 그래서인지 우리는 이 부담스러운 십자가를 어떻게든지 순화시키려고 애를 씁니다. 그래서 십자가를 예쁘게 만들어주는 장식물을 달기도 하고, 혹은 십자가에다 보석을 치렁치렁 달거나 박아놓기도 합니다. 그러다 보니 십자가 본연의 의미도 점점 퇴색되어 갑니다.

2. 기독교의 슬로건(Slogan)

기독교의 심볼이 십자가라면 기독교의 대표적인 슬로건은 무엇일까요? 바로 "자기 십자가를 지고 주님을 따르라"는 것입니다. 아무리 다르게 해석하려고 해도 도저히 그럴 수 없도록 떡하니 써 있는 이 말씀, "이에 예수께서 제자들에게 이르시되 누구든지 나를 따라오려거든 자기를 부인하고 자기 십자가를 지고 나를 따를 것이니라. 누구든지 제 목숨을 구원하고자 하면 잃을 것이요 누구든지 나를 위하여 제 목숨을 잃으면 찾으리라." 정말이지, 부담스럽기 짝이 없습니다.

3. 예수 그리스도의 제자에게 십자가란?

그러면 왜 하필 십자가일까요?

(1) 첫 번째, 십자가는 겸손의 심볼이기 때문입니다

고대 로마인들은 수많은 처형 방식을 사용했습니다. 그중에는 값싼 처형 방식도 많았습니다. 불에 태우거나, 돌을 던져 죽이면 손쉬웠습니다. 그보다 더 쉬운 방법을 원한다면 검을 한 번 휘두르면 끝이었습니다. 독약을 먹이는 방법도 있었습니다. 이에 반해 십자가형은 네 명의 병사와 한 명의 백부장을 필요로 했습니다. 준비물까지 하면 보통 비싼 처형 방식이 아닌 것입니다. 그런데도 왜 굳이 십자가를 사용했을까요? 이유는 간단합니다. 바로 만인 앞에서 죄인을 욕보이기 위해서였습니다. 이 죄인이 아무것도 아니라는 사실을 사람들의 머릿속에 똑똑히 심어주기 위해서였습니다.

그래서 성경을 보면 로마 병사들이 예수님을 심하게 욕보이고, 조롱하고, 침을 뱉는 장면이 나옵니다. 게다가 예수님께서는 치욕스럽게도 벌거벗은 채 십자가에 달리셨습니다. 이것이 무슨 뜻입니까? 제자들은 십자가 위에서 여전히 하나님의 아들이셨음에도 불구하고 아무것도 아닌 존재가 되기를 스스로 선택하셨던 예수님처럼 그렇게 낮아지고 겸손해야 한다는 것입니다. 그렇게 예수 그리스도의 제자가 되어 그 분을 따르려면 겸손히, 묵묵히 십자가를 지고 아무것도 아닌 존재처럼 낮아져야 한다는 것입니다.

(2) 두 번째, 십자가는 고난의 심볼이기 때문입니다

십자가를 편안하게 짊어질 방법은 없습니다. 십자가는 어디로 매나 고통스럽기 짝이 없습니다. 많은 분이 가진 잘못된 믿음 중에 하나가 고난은 주님을 제대로 따르지 못한 사람에게나 찾아온다는 것입니다. 물론 하나님의 말씀과 법도를 잘 지키면 축복의 사람이 되는 성경의 약속도 사실입니다. 하지만 무조건 잘 되고, 부흥하고, 만사가 순조롭게 잘 풀리는 것만이 마치 좋은 믿음의 결과나 축복의 결과라고 믿게 하는 것은 저 쓰레기통에나 들어가야 할 번영 신학들이 망쳐 놓은 결과의 산물일 뿐인 것입니다.

욥이나 수많은 선지자가 믿음이 없어서 고난을 당했습니까? 다윗이나 다니엘은 축복을 받지 못해 고난을 당했습니까? 아닙니다. 그러므로 성경은 분명히 이야기하고 있습니다. 예수 그리스도를 따르기로 결심하는 것은 때로는 참을 수 없으리만치 고통스러운 십자가를 감내하기로 결심하는 것이라고요. 그리고 그 고난 속에서 연단하는 인내가 바로 우리를 생명의 길로, 구원의 길로 인도할 것이라는 뜻입니다.

(3) 세 번째, 최종적으로 십자가는 죽음의 심볼이기 때문입니다

예수님께서 스스로 십자가에서 죽음을 선택하셨던 것처럼, 예수님께서는 제자들에게 스스로 죽음을 선택하라고 말씀하십니다. 그런

데 오해하지는 마십시오. 이 말씀은 우리가 오늘 진짜 십자가에 매달
려 죽어야 한다는 이야기가 아닙니다. 여기서 말하는 죽음이란 우리가
이전에 추구해왔던 삶이나 내 마음속의 욕심들, 끊어지지 않는 죄성
들, 이런 것들이 이제는 십자가 위에서 다 내려놓는 것을 말하는 것입
니다. 그러므로 예수님의 제자가 되는 순간 우리 자신은 끝나야 합니
다. 내가 죽고 예수가 살아야 합니다. 옛날에는 십자가를 짊어진 사형
수를 두고 이렇게 불렀다고 합니다. 'Dead man walking' (걷고 있으나
죽은 사람). 내가 죽고 예수가 사는 사람에게는 딱 맞는 말이지요.

나에게 십자가는 어떤 의미입니까?

　　그런데 내가 죽고 예수가 사는 것이 진짜로 죽는 것이 아니라 우리의 죄성을 죽이고, 옛 사람을 죽이고, 욕심을 죽이는 것이라고 하니까 살짝 마음이 놓이십니까? 그런데요. 예수님의 제자들을 보면 ① 마태는 에티오피아에서 칼에 맞아 생을 마감했습니다. ② 마가는 이집트의 알렉산드리아에서 말에 질질 끌려 다니다가 숨이 끊어졌습니다. ③ 또 누가는 그리스에서 교수형을 당했고, ④ 베드로는 로마에서 십자가에 거꾸로 매달려 죽었습니다. ⑤ 그리고 도마는 인도에서 선교하던 중 창에 찔려 죽었고요. ⑥ 야고보는 예루살렘에서 참수형을 당했습니다.

　　그러므로 이 말씀은 2,000년 전, 예수 그리스도를 만났던 제자들이 하나 같이 자기 십자가를 지고 자기의 목숨을 걸었던 것처럼, 그와 똑같은 결단, 그와 똑같은 마음가짐으로, 내 십자가를 지고 나를 죽이라는 것입니다. 성도님들, 예수님께서는 우리의 모난 행동을 깎거나 우리의 못된 성품을 조정하시기 위해서 이 땅에 오신 것이 아닙니다. 심지어 예수님께서는 우리를 변화시키기 위해 오신 것도 아닙니다. 성경은 예수님께서 우리를 완전히 죽이시고, 우리로 완전히 새로운 사람으로 거듭나게 하시기 위해서 오셨다고 확실히 말씀하고 있습니다. C. S. 루이스 교수도 순전한 기독교라는 책에서 이렇게 말합니다. "그리스도께서는 이렇게 말씀하신다. 내게 전부를 주라. 너의 시간과 돈, 일의 일부는 필요 없다. 나는 너를 원한다. 나는 너의 육신을 고문하기 위해서가 아니라 죽이기 위해 왔노라. 미봉책은 전혀 소용없다.

여기저기를 가지치기해 봐야 소용없다. 내가 원하는 것은 나무 전체를 쓰러뜨리는 것이다. 이빨을 갈아 내거나 금을 씌우거나 구멍을 메워 봐야 그때뿐이다. 아예 뽑아내야 한다."

그리고 본 회퍼 목사님이 쓴 『나를 따르라』라는 책의 맨 처음에는 이런 문장으로 시작합니다. "그리스도께서는 사람을 부르실 때 와서 죽으라고 명하신다." 그러므로 우리 성도님들 자기 십자가를 지라는 말씀을 어떻게든 순화시키고, 어떻게든 피해만 다니는 것이 아니라, 주님께서 말씀하신 그대로 순종하여 십자가를 지시기를 바랍니다. 그래서 십자가의 의미대로 낮아지고, 고난을 견디며, 내가 죽고 예수로 말미암아 살아가는 진짜 예수 그리스도의 제자가 되시기를 주님의 이름으로 축원합니다.

/

Part 6

절기

: 부활절, 감사절, 성탄절

51과 〈부활절〉

빈 무덤을 지키는 자들

마태복음 27장 62-66절

대한민국 사람으로 태어나 난생 처음 심판의 날을 경험하는 때가 언제인지 아십니까? 바로 성적표가 날아올 때입니다. 요즘은 부모님 께서도 인터넷으로 성적을 열람할 수 있게 되었지만, 제가 학교 다닐 때만 해도 우편을 통해 성적표가 집으로 날아왔습니다. 자신의 아이가 학교 들어가기 전에는 우리 아이는 천재인 것 같다. 혹시 맨사나 영재 스쿨에 보내야 하나? 말씀하시던 부모님께서 아이가 학교에 들어가 시험 성적표가 배달되는 날이 오면 천재니, 영재니 같은 모든 말씀은 온데간데없이 다 사라지고, 성적에 따라 부모님의 표정이 천차만별 로 변하시는 것을 볼 수 있지요.

그래서 그날, 성적이 처참한 아이의 입장에서는 그야말로 심판의 날을 경험할 수 있는 것입니다. 그런데 성적이 좋으면 그 심판의 날이 어떻겠습니까? 이번에는 부모님한테 뭘 사달라고 졸라야 할지, 오히 려 성적표가 오는 날을 잔뜩 기대를 하게 됩니다.

1. 두 부류의 사람들

마찬가지입니다. 오늘 본문에 보면 두 부류의 사람들이 예수님의 무덤 앞에서 기다리고 있습니다. 한 부류는 본문 위의 61절의 말씀처럼 막달라 마리아와 다른 마리아가 예수님의 무덤 앞에 앉아 있습니다. 이들은 그야말로 예수님의 부활을 기다리는 사람들입니다. 그런데 또 다른 한 부류는 본문 66절 말씀에 나오는 예수님의 무덤을 인봉하고 그 앞을 지키고 있는 경비병들입니다. 그런데 이 경비병들이 대체 왜 예수님의 무덤을 지키게 되었습니까?

2. 참 이상한 모임, 더 이상한 이유

62절 말씀을 보면 그 이튿날, 즉 준비일 다음 날이라고 하는 안식일 다음 날, 이상한 모임이 하나 만들어졌음을 알 수 있습니다. 바로 대제사장들과 바리새인들이 모여서 빌라도 총독을 찾아간 것입니다. 그런데 이 대제사장들과 바리새인들이 무엇을 기억하고 있고, 또 빌라도에게 무엇을 부탁하고 있습니까?

"주여 저 속이던 자가 살아 있을 때에 말하되 내가 사흘 후에 다시 살아 나리라 한 것을 우리가 기억하노니 그러므로 명령하여 그 무덤을 사흘 까지 굳게 지키게 하소서 그의 제자들이 와서 시체를 도둑질하여 가고 백성에게 말하되 그가 죽은 자 가운데서 살아났다 하면 후의 속임이 전 보다 더 클까 하나이다 하니"(63-64절).

참 신기하게도 예수님을 십자가에 못 박은 원흉들인 대제사장과 바리새인들이 예수님께서 부활하신다는 예수님의 말씀을 아주 정확히 기억하고 있더라는 것입니다. 그런데 사실은 대제사장들과 바리새인들은 예수님께서 이 땅에 오신 것과 왜 십자가를 지셔야 하는 지에 대해서는 아무 관심도 없었습니다. 특히나 예수님께서 부활하실 것에 대한 믿음이라고는 아예 없었습니다. 단지 그저 걱정이 되는 것뿐인 것입니다.

그동안 자신들이 모든 종교적인 기득권을 지키기 위해 온갖 술수를 통해 예수님을 겨우 십자가 못 박아 해치웠는데, 만약 예수님의 말씀대로 진짜 예수님이 부활한다면 어떻게 되겠습니까? 예수님을 십자가에 못 박은 정당성이 모두 사라지게 되므로 이 부활이 자신들에게 엄청난 위협을 줄 것이라고 생각했던 것입니다. 그런데요, 사실 대제사장과 바리새인은 한통속이 아닙니다. 당시의 대제사장들은 모두 사두개인 출신이다 보니, 사실 바리새인들과는 철천지 원수지간이었습니다. 그런데 참 신기하게도 예수님께서 이들을 똘똘 뭉치게 만드셨습니다.

3. F 학점, 부활을 걱정하는 사람들

이제 예수님을 십자가에 못 박았으니 이제는 희희낙락해야 할 터인데 오히려 이들은 잠을 제대로 이루지 못했습니다. 왜냐하면 예수님께서 생전에 하신 말씀이 두고두고 잊히지 않았기 때문입니다. 예수님께서 분명히 사흘 후에 다시 살아난다고 하셨기 때문입니다.

그러니 이것을 예수님의 제자들이 이용할 것 같다는 생각이 들기도 했을 것이고, 또 누군가가 예수님을 시신을 훔쳐 가서는 예수님께서 무덤에서 부활하셨다고 헛소문을 퍼뜨려서 자신들을 곤경에 빠뜨리지 않을까 하는 걱정도 있었을 것입니다. 그러나 가장 큰 염려는 진짜 살아난다면, 다시 말해 '진짜로 부활한다면 어떻게 하나'였을 것입니다. 심지어 대제사장들은 사두개인 출신이라 절대로 부활을 믿지 않는데도 말입니다.

그러므로 이 사람들이 어떤 사람들입니까? 진짜로 기뻐해야 할 부활인데 진심으로 부활을 걱정하는 사람들이 되어 버렸습니다. 이 부활에 대한 예수님의 약속을 참되게 기억해야 하는데 이 부활에 대한 예수님의 약속을 헛되게 기억하는 사람들이 된 것입니다. 그러니 참 애석하게도 이 대제사장들과 사두개인들은 믿어야 할 것을 염려로 바꾸어 버렸습니다. 가장 기뻐해야 할 소식을 걱정거리로 바꾸어 버렸던 것입니다. 그들은 예수님께서 생전에 하셨던 말씀, 사흘 만에 다시 살리라는 부활의 약속을 정확히 기억하기는 하되, 그야말로 헛되이 기억하는 꼴이 되어 버린 것입니다.

그래서 결국 그들은 무덤을 헛되이 지키는 사람들이 되었습니다. 그들이 대체 왜 이렇게까지 했겠습니까? 심판의 날, 이들이 받게 될 성적표는 그야말로 All F, 낙제였기 때문에 그날이 오는 것이 두려웠기 때문입니다. 그러므로 이들은 예수님의 부활 약속을 지킨 것이 아니라 빈 무덤을 지키는 자들이 되었습니다.

이들은 주님께서 주신 생명의 약속 말씀을 지킨 것이 아니라 자신의 기득권을 지키는 자들이 되었습니다. 이들은 하나님께서 주신 값진 생명을 지킨 것이 아니라 빈 무덤 앞을 지키고 선 자들인 된 것입니다. 그러니 이들이 얼마나 쓸데없는 짓을 하는 것입니까?

사랑하는 성도님들, 마찬가지 우리도 이 땅에서 내가 가지고 있는 것만을 너무 많이 지키려 하면, 결국 우리 또한 빈 무덤만 지키는 허무한 자가 됩니다. 자신의 권력이나 자신의 재물을 지키려고 예수 그리스도를 잊어버리고, 그분이 주신 생명을 잊어버린 사람들이 얼마나 많은지 모릅니다. 바로 그들이 이렇게 빈 무덤을 지키는 사람들과 다를 바가 없는 것입니다. 몇 푼의 재물을 더 벌기 위해 예수 그리스도께서 주신 생명을 잃어버린 사람들, 몇 시간의 안락을 더 얻기 위해 예수 그리스도를 만날 예배를 저버리는 사람들, 그런 사람들이 너무나 많더라는 것입니다.

그러므로 이런 사람들 모두가 가장 기뻐해야 할 소식을 쓸데없는 걱정거리로 바꾸어 버린 대제사장들과 바리새인들과 같은 부류의 사람인 것입니다. 그래서 내가 지금까지 누리고 취한 것들을 잃어버릴까 봐 심판의 날이 오는 것이 두려운 사람들인 것입니다. 왜냐하면 그들의 성적표에 All F, 낙제점이 찍혀 있기 때문에 심판의 날이 오기가 두려운 것입니다.

4. A학점 성도들

사랑하는 성도님들, 우리는 반대죠. 우리는 예수 그리스도의 빈 무덤을 찬송하는 사람들입니다. 예수 그리스도의 부활을 찬양하는 사람들입니다. 내가 영원한 생명을 얻었음을 이 세상 어떤 것보다 기뻐하는 사람들입니다. 왜냐하면 심판의 날에 우리는 All A+, 합격점이 찍힌 성적표를 받게 될 사람들이기 때문입니다. 그러므로 우리 성도님들 중에는 나의 기득권을 지키기 위해 빈 무덤을 지키는 자가 한 명도 없으리라 믿습니다. 헛되이 무덤을 지키는 삶을 사는 사람이 한 명도 없을 것이라 믿습니다. 우리 성도님들은 오로지 이 빈 무덤을 두고 나를 향한 영원한 생명의 약속이 이루어짐을 믿고 확실히 기뻐하는 사람들인 줄로 믿습니다. 이 빈 무덤이 나의 부활을 믿게 해준 것이므로 예수님의 부활을 확실히 찬송하는 사람들인 줄로 믿습니다. 그래서 우리 예수님께서 다시 오시는 그 심판의 날, 그날은 우리가 걱정하는 날이 아니라 기쁨의 날이며, 염려의 탄식을 내뱉는 날이 아니라 승리의 환호성을 지르는 날이 되어 우리 예수님을 기쁘게 맞이하는 모든 성도님이 될 줄로 믿습니다.

52과 〈감사절〉

감사하는 생활을 하려면

골로새서 3장 12-17절

우리가 신앙생활을 잘하고 있느냐, 혹은 잘 못하고 있느냐? 이것을 구별하는 좋은 방법이 하나 있습니다. 바로 감사입니다. 왜냐하면 내가 감사하는 신앙생활을 하고 있느냐, 아니면 그러지 못하고 있느냐를 보면 나의 신앙 상태를 정확히 파악할 수 있기 때문입니다.

1. 감사로 가늠해 보는 신앙의 수준

흔히들 어떻게 감사하는지, 그 감사하는 신앙생활을 보면 믿음의 수준을 세 가지로 나누어 볼 수 있다고 합니다. 첫 번째, 감사할 것이 있는데도 감사하지 않는 사람입니다. 흔히들 이런 분들은 짐승만도 못하다고 표현하지요. 짐승도 주인에게 받은 은혜를 아는데 말입니다. 그래서 하나님께 감사할 줄 모르는 사람을 보면 참으로 못난 믿음을 가진 사람이라고 하는 것입니다. 두 번째, 감사할 것이 있을 때만 감사하는 사람입니다. 감사할 것이 있을 때 감사하는 것은 안 하는 것보다는 낫지만, 감사할 것이 있을 때 감사하는 것은 예수님을 믿는 사람이든 아니든 누구나 다 할 수 있는 것입니다. 그러니 이런 분은 보통 수준의 믿음을 가진 사람이라고 볼 수 있습니다. 하지만 세 번째로 감사할 것이 없는데도 감사하는 사람이 있습니다. 이런 분들이야말로 정말 수준 높은 믿음을 가지신 분들이지요.

2. 그렇다면 우리가 정말 수준 높은 믿음으로 감사하는 삶을 살려면 무엇을, 어떻게 해야 할까요?

그래서 감사하는 생활을 하려면 무엇을 해야 하는지 세 가지로 말씀을 드리려 합니다.

1) 첫 번째, 감사하는 생활을 하려면 매사에 감사의 조건을 찾아야 합니다

별명이 설교의 황태자라고 불릴 만큼 설교의 대가셨던 찰스 스펄전 목사님께서 감사에 대한 설교를 하던 중 이런 말씀을 하신 적이 있습니다. 우리가 촛불을 보고 감사하면 하나님께서는 전등불을 주시고, 전등불을 보고 감사하면 달빛을 주시고, 달빛을 보고 감사하면 햇빛을 주십니다. 이것이 무슨 말이냐? 자꾸 감사거리를 찾아서 감사를 해야 한다는 것입니다. 그런데 성도님들 살면서 느끼는 것이지만, 참 신기한 것이 감사하는 사람에게는 자꾸만 감사거리가 찾아옵니다. 왜냐하면 감사하는 과정에서 더 많은 감사를 발견하게 되더라는 것입니다.

어느 나라에 무엇이든지 희귀한 것만을 갖고 싶어 하는 임금님이 있었다고 합니다. 그런데 어느 날, 이 임금님은 기막히게 맛이 좋은 요리를 먹은 후 감탄을 했습니다. "이거, 내가 지금껏 먹어본 요리 중에 최고다." 그래서 이렇게 훌륭한 요리를 만든 요리사에게 큰 상을 주기로 했습니다. 그런데 이 이야기를 들은 요리사가 임금님께 겸손하게 이렇게 이야기를 했다고 합니다. "임금님, 칭찬을 해주시니 몸 둘 바를 모르겠습니다. 그런데 이 요리는 제 기술이 좋아서 만든 것이 아닙니다. 만약 좋은 채소를 파는 사람이 없었다면 제가 어떻게 이렇게 맛있는 요리를 만들 수 있었겠습니까? 그러니 상을 주시려거든 채소 장수에게 주십시오." 그랬더니 이 임금님이 채소 장수를 불렀습니다. 영문도 모르고 임금님께 불려 간 채소 장수가 자초지종을 듣더니 눈이 커지고 손사래를 치며 이렇게 이야기를 합니다. "아이고, 임금님, 천만의 말씀입니다. 저는 그저 채소를 팔았을 뿐입니다. 정작 칭찬받을 사람은 제가 아니라 이렇게 좋은 채소를 키운 농사꾼이지요." 그래서 이번에는 농사꾼을 불렀습니다. 그리고 이 농사꾼도 자초지종을 듣더니 깜짝 놀라며 이야기를 합니다. "임금님, 저는 그저 농사만 지었을 뿐입니다. 제가 땅을 갈아 씨를 심어도 때를 따라 비를 내려주시고 햇볕을 주시는 분이 없으면 저는 잎사귀 하나, 열매 하나 도 만들어내지 못합니다. 그러니 감사의 인사는 하늘에 계신 하나님께 드려야 하는 것이 당연하다고 생각합니다."

우리 성도님들은 이 이야기를 들으시고 무슨 생각이 드시나요? 역시 모든 감사의 끝에는 우리 하나님이 계시는구나 이런 생각이 드시지요? 맞습니다. 그런데 제가 이 예화를 보고 제일 먼저 든 생각은 감사는 전염되는 것이라는 것이었습니다. 마찬가지입니다. 불평을 하면 불평은 반드시 전염됩니다. 그것도 끊임없이, 빠른 속도로 전염됩니다. 하지만 감사를 하면 반대로 감사가 전염되어 가는 것입니다. "누가 누구에게 불만이 있거든 서로 용납하여 피차 용서하되 주께서 너희를 용서하신 것 같이 너희도 그리하고 이 모든 것 위에 사랑을 더하라 이는 온전하게 매는 띠니라"(13-14절). ① 누가 누구에게 불만이 있어서 불만을 터트리면, 그 불만은 마치 불처럼 번져서 좋은 것들까지도 다 태워버립니다. ② 작은 균열이 점점 커져 댐을 무너뜨리듯, 불평이라는 작은 균열이 우리의 모든 감사와 축복을 무너뜨리게 되는 것입니다. 하지만 오늘 말씀에서는 어떻게 하라고 합니까? 용납하고 용서하고 그리고 오히려 사랑하고 감사하면, 그 좋은 것들이 전염되고 쌓여서 점점 더 굳건한 교회와 성도님들이 될 수밖에 없다는 것입니다. ① 그러면 점점 더 감사의 조건들이 풍성하게 될 줄 믿습니다. ② 그러면 감사하는 일, 사랑하는 일만 넘치게 될 줄로 믿습니다.

2) 두 번째, 감사하는 생활을 하려면 하나님의 은혜를 잊지 말아야 합니다

성경에 나오는 많은 훌륭한 인물을 보면 모두가 다 하나님의 은혜를 입은 자들이었습니다. 뿐만 아니라 우리도 분명히 하나님의 은혜를 입은 자들입니다. 왜냐하면 우리도 이 세상의 수많은 사람 가운데 특별히 하나님께 은혜를 입어 선택된 자들이기 때문입니다. 그런데 오늘날 그리스도인들의 기도를 자세히 들어 보시면 ① 은혜를 달라고, 여전히 은혜를 구하는 기도는 정말 많이 하지만, ② 받은 바 은혜에 대하여 그것을 기억하고 감사하는 기도를 하는 사람은 극히 드뭅니다. 오늘 본문 17절 말씀을 보십시오. "또 무엇을 하든지 말에나 일에나 다 주 예수의 이름으로 하고 그를 힘입어 하나님 아버지께 감사하라." 우리가 누구를 힘입어 하나님께 감사하라고 합니까? 바로 우리 주님 이신 예수 그리스도입니다. 왜요? ① 내가 고난을 받아도, 나를 위해 예수님께서 죄 없이 고난 당하신 십자가를 생각하면 감사가 나올 수밖에 없기 때문입니다. ② 내가 부족한 것이 많아도, 나를 위해 머리 둘 곳도 없으셨던 예수님을 생각하면 감사가 나오고, ③ 내가 억울한 오해와 비난을 받아도, 나를 위해 침 뱉음 당하고, 모욕을 당하신 예수님 생각하면 감사가 절로 나오는 것입니다.

사랑하는 성도님들, 우리는 분명히 은혜 받은 자들입니다. 그러니 지금까지 주님께서 나에게 베풀어주신 은혜가 얼마나 큽니까? 그러므로 이런 은혜를 깨달으면 감사할 것들이 자꾸 자꾸 보이는 것입니다. 그래서 은혜를 깨달으면 깨달을수록 감사의 열매가 주렁주렁 맺히게 되는 것입니다.

3) 마지막으로 가장 중요한 것인데요. 감사하는 생활을 하려면 어떤 상황에서도 믿음으로 감사해야 합니다

성도님들 감사가 가장 어려운 순간이 언제입니까? 우리 마음에서 감사가 제일 잘 나오지 않는 순간이 언제입니까? 바로 이해할 수

없는 고난 중에 있을 때입니다. 그런데 성도님들 바로 그때 감사하는 것이 진짜 믿음입니다. 반대로 말씀드리면 제대로 된 믿음이 있어야 그 순간에도 감사 할 수 있다는 것입니다. 이유는 간단합니다. ① 하나님께서 역사하실 것을 믿지 않는 사람이 어떻게 감사할 수 있겠습니까? ② 반대로 하나님께서 역사하실 것을 믿는 사람이 어떻게 감사하지 않을 수 있겠습니까?

다니엘서 6장 말씀에 보면 다니엘을 죽이려는 음모에 빠뜨리려고 30일 동안 왕 외에 다른 신에게나 어떤 사람에게든지 무엇을 구하면 사자 굴에 던져 넣는다는 금령을 세웁니다. 그때 다니엘도 이러한 금령을 알고 있었습니다. 그런데 다니엘이 어떻게 합니까? 다니엘서 6장 10절 말씀을 보면 "다니엘이 이 조서에 왕의 도장이 찍힌 것을 알고도 자기 집에 돌아가서는 윗방에 올라가 예루살렘으로 향한 창문을 열고 전에 하던 대로 **하루 세 번씩 무릎을 꿇고 기도하며 그의 하나님께 감사하였더라**"라고 합니다. 즉, 자신이 죽을지도 모르는 상황에 그리고 자신을 죽이려는 목적을 가지고 이러한 금령을 만들었다고 뻔히 아는 상황에서도, 그는 하나님께 감사의 기도를 드렸다는 것입니다.

그러므로 이것은 하나님께서 역사하실 것이라는 믿음이 있는 사람만이 할 수 있는 감사이고, 반대로 이러한 감사는 가장 고결한 믿음의 반증이며, 가장 깊이 있는 믿음의 증거인 것입니다. 따라서 믿음이 있는 사람은 어떤 상황 속에서도 절대 감사를 잃지 않는 법입니다. 그리고 이러한 감사는 결국 하나님의 역사를 만들어 내는 법입니다.

일본에서 태어나 초등학교 4학년 때부터 이질이라는 질병으로 인해 뇌성마비를 얻은 한 아이가 있었습니다. 결국 이 아이는 중증뇌

성마비로 인해 듣는 것, 보는 것 그리고 눈꺼풀을 움직이는 것 외에는 아무것도 할 수 없는, 그저 흐느적거리는 것 외에는 아무것도 할 수 없는 육신을 가지게 되었습니다. 그런데 뇌성마비 중에 제일 괴로운 것이 몸은 못 움직이는데, 생각하고 느끼는 감정은 정상적인 사람들과 똑같을 때라고 합니다. 그래서 이 아이는 항상 자신의 처지에 대한 원망과 절망감에 빨리 죽었으면 좋겠다는 생각 밖에는 없었다고 합니다.

그런데 이 아이에게는 홀어머니가 계셨습니다. 이 어머니가 돈을 벌어야 하니 출근을 할 때면 늘 성경책을 이 아이에 머리맡에 펼쳐 두고 성경을 읽으라고 하시고는 나가셨다고 합니다. 그런데 정작 이 아이는 몸을 못 움직이다보니 책장을 넘길 수 없었기 때문에 어머니가 돌아오시기까지는 펼쳐 놓은 그 한 장만을 계속 읽었어야 했다고 합니다. 그런데 어느 날 어머니께서 고린도후서 12장을 펼쳐 놓고 나가셨다고 합니다. 그러니 그날은 고린도후서 12장만 계속 봐야 하는 것입니다. 그런데 거기 보니 주님께서 육체의 가시로 인해 고통스러워하는 사도 바울에게 하신 말씀 "내 은혜가 네게 족하다"(고후 12:9)라는 그 말씀이 눈에 확 들어오는 것 아니겠습니까? 그리고 이어지는 말씀 "내 능력이 약한 데서 온전하여짐이라"라는 말씀에 큰 위로를 얻게 됩니다.

이후로 이 아이가 변하기 시작합니다. 절망에서 희망으로 바뀌어 가기 시작합니다. 불평에서 감사로 바뀌기 시작합니다. 그리고 자신의 이 불편한 몸이 완악한 일본인들을 회개시켜 구원케 하시고자 하시는 하나님의 뜻이고 하나님의 선택임을 깨닫게 됩니다. 그래서 이후로, 자판 위에 화살표가 쭉 지나갈 때, 윙크해서 표시하는 방식으로 글을 쓰는 법을 배우고 나서 시를 쓰기 시작합니다. 그 시가 바로 〈괴롭지 않았더라면〉이라는 시인데요.

> 만일 내가 외롭지 않았더라면
> 하나님의 사랑을 받아들이지 않았을 것을
> 만일 모든 형제 자매도 괴롭지 않았더라면
> 하나님의 사랑은 전해지지 않았을 것을
> 만일 우리 주님이 괴롭지 않았더라면
> 하나님의 사랑은 나타나지 않았을 것을

사랑하는 성도님들이 어려운 상황을 믿음으로 뛰어넘어 소명을 바꾼 이 사람, 이 말도 안 되는 처지를 믿음으로 뛰어넘어 감사로 바꾼 이 사람이 대체 누구냐? 바로 일본의 역사상 최고의 신학자로 불리는 우치무라 간조 목사님입니다. 그러므로 성도님들 우리가 감사하는 생활을 하는 것에 있어서 가장 큰 역할을 하는 것은 바로 믿음입니다. 어떤 상황이든, 어떤 처지든 반드시 하나님께서는 역사하신다는 그 믿음이 우리를 감사로 이끌어주는 것입니다. 그러므로 우리 성도님들은 깊이 있는 믿음, 하나님께서는 역사하실 것임을 확실히 믿는 믿음을 가지고, 어떤 상황 속에서도 모든 일에 감사하는 성도님들 되시기를 주님의 이름으로 축원합니다.

53과 〈성탄절〉

우리를 위한 그 사랑
— 구원자에 대한 예언

누가복음 2장 6-7절

　　성경의 첫 번째 책인 창세기는 창세기라는 이름이 무색할 정도로 세상을 창조한 이야기에 관해서는 딱 한 장, 첫 번째 장인 1장에 그 내용을 다 몰아넣어 두었습니다. 생각해 보면 하나님께서 세상을 창조하신 것이 얼마나 위대하신 것인지 스스로 자랑하실 것도 많으셨을 텐데, 오로지 1장에 창조에 관한 모든 이야기를 끝내십니다. 그러고는 바로 이어지는 내용이 아담과 하와의 선악과 사건으로 인해 죄로 말미암아 하나님과 관계가 단절되어 버린 우리에게 구세주를 보내주시겠다는 약속이라는 것입니다. 그것이 바로 창세기 3장 15절 말씀입니다.

　　① "내가 너로"(여기서 너는 바로 뱀 혹은 사탄을 말하는 것입니다.) ② "내가 너로 여자와 원수가 되게 하고 네 후손도 여자의 후손과 원수가 되게 하리니"(이 여자의 후손이 바로 예수 그리스도를 말하는 것이죠.) ③ "여자의 후손은 네 머리를 상하게 할 것이요 너는 그의 발꿈치를 상하게 할

것이니라"(이 발꿈치를 상하게 한다는 것은 십자가 사건을 말하는 것이고, 예수 그리스도는 뱀, 사단의 머리를 밟아 최종적으로 승리한다는 것을 예언하고 있는 것입니다). 그리고 창세기 3장 15절 말씀에서 시작된 이 약속, 즉 우리를 구원해 주실 예수 그리스도를 우리에게 보내 주시겠다는 약속은(학자들마다 의견이 분분하긴 하지만) 구약에만 대략 333곳에서 예언하고 있습니다. 즉, 예수 그리스도를 우리에게 보내시겠다는 예언과 약속이 구약성경 내내 드러나고 있다는 것입니다. 그만큼 성경은 우리를 구원하시고자 하시는 하나님의 열심이 잘 드러난 책이라는 것입니다.

1. 우리를 위해 모든 것을 준비하신 예수님

그런데 이 구원자이신 예수님을 보내주시겠다는 예언과 약속을 보면 어떤 한 단어에 집중되어 있음을 보게 됩니다.

1) 먼저 이사야 9장 6절 말씀을 보겠습니다

"이는 한 아기가 우리에게 났고 한 아들을 우리에게 주신 바 되었는데 그의 어깨에는 정사를 메었고 그의 이름은 기묘자라, 모사라, 전능하신 하나님이라, 영존하시는 아버지라, 평강의 왕이라 할 것임이라."

2) 또 이사야 53장 4-6절 말씀을 보면

"그는 실로 우리의 질고를 지고 우리의 슬픔을 당하였거늘 우리는 생각하기를 그는 징벌을 받아 하나님께 맞으며 고난을 당한다 하였노라 그가 찔림은 우리의 허물 때문이요 그가 상함은 **우리의 죄악 때문이**라 그가 징계를 받으므로 우리는 평화를 누리고 그가 채찍에 맞으므로 **우리는 나음을 받았도다** 우리는 다 양 같아서 그릇 행하여 각기 제 길로 갔거늘 여호와께서는 **우리 모두의 죄악을** 그에게 담당시키셨도다.”

3) 마태복음 1장 23절

‘임마누엘’이란 이름의 뜻조차도 “하나님께서 **우리와 함께 계신다**”입니다. 그러므로 성도님들 예수 그리스도께서 이 땅에 오신 이유에 관해 성경의 예언과 약속에 빠지지 않는 존재가 있습니다. 바로 우리입니다. 그 많은 예언과 약속에 반드시 예수 그리스도와 대비가 되는 존재가 있는데 그것은 바로 우리라는 것입니다. 그래서인지 예수님께서 이 땅에 오셨을 때 우리를 위해 참 많은 것을 준비하셨던 것 같습니다. 예수님께서는 무지한 우리를 위해 하나님의 나라에 대해 가르치실 진리의 말씀들을 준비하셨습니다.

또 예수님께서는 약하고 병든 우리를 고치시기 위한 치유의 능력을 준비하셨습니다. 이 뿐 아니라 예수님께서는 비천한 우리를 존귀케 만드실 많은 것을 준비하셨습니다. 분명 그 분은 우리를 향한 사랑을 준비하셨고, 인내와 자비와 온유로 우리에게 본으로 보이실 소망을 준비하셨습니다. 결국엔 우리를 구원하시기 위해 자신의 모든 것을 온전히 내어주실 십자가마저 준비하셨던 것입니다. 즉, 예수님께서 이 땅에 오신 이유, 또 예수님께서 준비하신 모든 것은 오직 우리를

위한 것들이었습니다. 그것도 창세 때부터, 아니 영원 전부터 오직
우리를 위하여 준비하신 것입니다.

2. 자신을 위해서는 하나도 준비하지 않으셨던 주님

그런데 오늘 본문에 보면 예수님께서는 태어나실 때 강보에 싸여
짐승의 밥통, 참으로 하찮은 구유에 누이셨다고 합니다. 이것이 무슨
말입니까? 우리를 위하여 그렇게나 많은 것을 준비하셨던 주님, 영원
전부터 우리에게 오실 그 순간을 고대하고 기다리며 그 어느 것 하나
빠뜨림 없이 우리를 위한 모든 것을 준비하셨던 주님이신데, 정작
자기 자신을 위해서는 그 어느 것 하나 준비해 놓으신 것이 없으셨던
것입니다. 그러므로 우리를 위하여 그렇게나 많은 것을, 그 모든 것을
준비하셨던 그 분은 정작 자기 자신이 태어날 때 따뜻하게 누울 방구석
도, 작은 이부자리 하나도 준비하지 않으셨던 것입니다.

이토록 그분의 생각 속에는 오직 우리만 있었나 봅니다. 분명 그분
의 가슴 속에는 오직 우리만 있었던 것입니다. 그러고 보면 예수님께
우리는 정말 소중한 존재인가 봅니다. 자기 자신의 모든 것을 다 내어
주고도, 자기 자신을 위해선 아무것도 준비하지 않으시고도, 자기
자신과 바꾸기엔 전혀 아깝지 않은 귀한 존재가 바로 우리인가 봅니다.

사랑하는 성도님들! 그러므로 우리는 예수 그리스도의 피 값으로
산 존재입니다. 예수 그리스도의 전부와 바꾼 정말 소중한 존재들인
것입니다. 그러므로 꼭 우리 스스로도 우리가 이만큼 존귀하고 위대한
존재임을 자각하며 살아가기를 바랍니다. 그리고 예수님의 머릿속,

그분의 마음속에 오직 우리만 있었던 것처럼 이제는 우리의 머릿속, 우리의 마음속에도 오직 한 분, 예수 그리스도만 있게 되기를 축원합니다.

사랑하는 성도님들, 메리 크리스마스.

소그룹 성경 공부 1

함께 지어져 가느니라

2023년 9월 2일 처음 찍음

지은이 | 김형일
펴낸이 | 김영호
펴낸곳 | 도서출판 동연
등 록 | 제1-1383호(1992. 6. 12.)
주 소 | (우 03962) 서울시 마포구 월드컵로 163-3
전 화 | (02) 335-2630
팩 스 | (02) 335-2640
이메일 | yh4321@gmail.com

ISBN 978-89-6447-947-6 04230
ISBN 978-89-6447-946-9 (시흥교회 소그룹 성경 공부)